W0178758

© Gabriele Dietrich

Doris Lerche, geboren 1945, Studium der Psychologie/Kunst-
pädagogik und Grafik, lebt seit 1975 als freiberufliche Zeichne-
rin und Buchautorin in Frankfurt a. M. Sie hat zahlreiche Car-
toonbücher, Erzählungen, Romane und Kinderbücher verfaßt.

»Mitleidlos, aber auch ohne kleinmütige Schadenfreude oder ideologische Pointen malt Doris Lerche das verkarstete Liebesleben von Personen aus, deren Beziehungen darin bestehen, einander in die Gemeinsamkeit hinabzustoßen«, urteilte der *Spiegel*, als Doris Lerche 1993 mit den Erzählungen *21 Gründe, warum eine Frau mit einem Mann schläft* große Erfolge feierte.

Nun wartet die Autorin mit neuen Szenen aus dem Alltags- und Liebesleben ihrer Paare auf, wobei sie besonders den Mann unter die Lupe nimmt: Den schüchternen Yuppie, den harmlos-lüsternen Büroangestellten, den melancholisch-zynischen Geschäftsmann, den unglücklich begehrenden Ehemann und den Callboy mit Helfersyndrom. Doris Lerche beherrscht das Spiel der subtilen Irritation und der überraschenden Perspektiven. Unterhaltsam, kurzweilig und scheinbar leicht kommen ihre Geschichten daher – und treffen doch unvermittelt die wunden Stellen der männlichen und weiblichen Psyche.

Doris Lerche

Neunzehn Gründe, warum ein Mann mit einer Frau schläft

Erzählungen

RECLAM VERLAG LEIPZIG

ISBN 3-379-01724-8

© Reclam Verlag Leipzig, 2001

Reclam-Bibliothek Band 1724
2. Auflage 2001
Reihengestaltung: Hans Peter Wilberg
Umschlaggestaltung: Renate Schlicht, Frankfurt a. M.
Gesetzt aus Meridien
Satz: Reclam Verlag Leipzig
Druck und Bindung: Ebner Ulm
Printed in Germany

Inhalt

19 Gründe,
warum ein Mann mit einer Frau schläft

1. – weil er wütend ist
2. – weil er traurig ist
3. – weil er nicht unhöflich sein will
4. – weil er sich langweilt
5. – weil er seinen geregelten Sexualverkehr braucht
6. – weil sie sich nicht wehrt
7. – weil er die Frauen liebt
8. – damit sie endlich aufhört, an ihm rumzunörgeln
9. – weil ihn das ewige Onanieren anödet
10. – weil man sonst nichts mit einer Frau anfangen kann
11. – weil er diese lästige Geilheit loswerden will
12. – weil Sex eine gesunde Sache ist
13. – weil er wild auf ihren Arsch ist
14. – um für fünf Sekunden den Verstand zu verlieren
15. – weil er ihr beweisen will, daß er ein begnadeter Liebhaber ist
16. – weil er sich nicht auf seine Arbeit konzentrieren kann
17. – weil es in ihrer Muschi so kuschelig warm ist
18. – weil er sie haßt
19. – weil er sie liebt

Giselle, meine Frau

Frauen sind verwirrende Geschöpfe, auch im Zeitalter der Emanzipation. Und glauben Sie nur nicht, alles sei einfacher, bloß weil man eine von ihnen geheiratet hat.

Meine Frau Giselle braucht keinen Sex und fühlt sich auch noch wohl dabei. Das sagt sie einfach so dahin und lächelt entzückend.

Nein, sie macht mir nichts vor, wie ich lange hoffte. Und sich selbst auch nicht. Sie ist ehrlich bis zur Brutalität. Und immer guter Dinge.

Ihr schlaksiger Gang läßt alles schwingen, ihr Haar, ihre Handtasche, ihren reizenden Hintern. Man sieht ihr an, wie eins sie ist mit sich und der Welt.

Es soll Männer geben, die sich nichts aus Sex machen, warum hat sie sich nicht so einen genommen? Warum nicht einen älteren Herrn, der seine Vatergefühle ausleben will? Warum einen Kerl wie mich, der ich in der Blüte meiner Jahre stehe?

Nicht daß Sie denken, ich sei ein triebhafter Wüstling, der seine arme Frau mit Absonderlichkeiten überfordert. So bin ich nicht. Ich würde sagen, ich bin ein durchschnittlicher Mitteleuropäer, eher bedachtsam als hitzig.

Verstehen Sie mich nicht falsch. Wir schlafen durchaus miteinander, Giselle und ich. Giselle hat Freude daran, mir eine Freude zu machen. Aber mir fehlt ihre Leidenschaft. Sagen Sie mir, wie bringt man eine Frau, die so anspruchslos, so autonom dahinschwebt, glücklich wie ein Schmetterling, wie bringt man so eine Frau auf den Geschmack? Wie bringt man so eine Frau zur Raserei?

Nein, nicht daß ich ein schlechter Liebhaber bin. Glauben Sie mir, vor Giselle hatte ich viele Frauen, und keine hat sich bei mir beschwert.

11

Natürlich weiß ich, daß Frauen gern Beifall klatschen. Auch Giselle will mich nicht in meiner Männlichkeit kränken, behauptet stürmisch, mich zu lieben, und schwärmt von meinen zärtlichen Händen. Aber wenn ich mich drei Wochen lang zurückhalte, fehlt ihr nichts. Sie vergißt meine Hände. Und nicht nur die.
Sagen Sie mir, was soll ich davon halten?

Sonntags, wenn wir Zeit haben und ich hoffe, daß sie meinen Zärtlichkeiten nachgibt, sagt sie »Moment, mein Schatz«, küßt mir fröhlich flüchtig die Stirn, wechselt blitzschnell von Nachtkleid zu Morgenrock und huscht in die Küche, um summend das Frühstück vorzubereiten. Ich höre den Entsafter surren, ich höre das Brot aus dem Toaster springen. Ich wühle mich aus dem Bett, schlurfe in die Küche und betrachte Giselle, wie sie, ein schillernder Kolibri, vom Herd zum Tisch zum Fenster schwirrt. Ihre Brüste wippen unter dem schimmernden Stoff. Ich frage sanft, ob ich helfen kann. Nein, sagt sie, sie mache das gerne für mich, ich solle ruhig schon ins Bad gehen.
Ich trotte also ins Bad, verberge meinen Unmut vor ihr, die so sorglos vor sich hinsummt, so unabhängig heiter, so wunschlos in ihrem lockenden Körper.
Im Bad unter der warmen Dusche – verzeihen Sie – hole ich mir einen runter. Sagen Sie mir, was soll ich anderes tun? Dann bin ich wenigstens entspannt und genieße das Frühstück mit Giselle und belästige sie nicht mit meiner schlechten Laune und meinem männlichen Trieb.
Ob sie sich bedrängt gefühlt habe, frage ich kühn. Sie sei so rasch aus dem Bett gehuscht, daß es beinahe nach Flucht aussah. Ja, gibt sie zu und beißt herzhaft in ihr Toastbrot, wenn am Sonntagmorgen Sex erwartet werde, setze sie das unter Druck. Aber ich solle keine Schuldgefühle haben.
Heute bin ich kein verständnisvoller Ehemann. Heute packt mich die Lust, ihr das ganze Ausmaß meiner Enttäuschung, meines Grolls, meines Zukurzgekommenseins vorzuführen. Schon legt sie ihr Toastbrot beiseite

und beeilt sich, mich zu besänftigen. Schon breitet sie all meine guten Eigenschaften vor mir aus. Sie will ja nicht, daß mein Selbstbewußtsein leidet, nur weil sie keine Lust hat, mit mir zu schlafen. Es hat ja nichts mit mir zu tun, sie sei einfach so, sie sei schon immer so gewesen, mit jedem Mann. Nein, sie habe keine traumatischen Erfahrungen hinter sich, das wisse ich doch. Sie habe Sonntag morgens einfach mehr Lust auf ein Frühstück als auf Sex. Und Sonntag abends? frage ich hinterhältig. Ach, abends. Sie seufzt. Ist den ganzen Tag lang meinen Zärtlichkeiten zögernd zugeneigt. Im Bett wendet sie sich entschlossen meinem männlichsten Teil zu. Nur kann sie leider nichts Rechtes mit ihm anfangen. Dabei sind wir fünf Jahre verheiratet. Stellen Sie sich das vor. Nein, ich beschwere mich nicht. Ich bin ja froh, wenn sie endlich mal dorthin langt, wo ich es am liebsten habe. Aber sie scheint mir immer voller Mißtrauen, voller Argwohn, als könnte mein zartester Körperteil plötzlich zuschlagen wie ein Gummiknüppel. Dabei ist sie keine Emanze aus lila Latzhosenzeiten, als kastrationswütige Weiber durch die Gegend zogen und lauthals die Muttis aufstachelten, sich nicht mehr penetrieren zu lassen.

Nein, sagt Giselle, sie sei nicht prüde erzogen. Aber im Grunde sei dieser ganze Ausscheidungskram eher eklig. Nur aus Liebe, sagt Giselle, überwinde sie sich. Sie möge auch keine Haut auf der Milch, das habe ihr gewiß keine verklemmte Mutter beigebracht.

Ihre eigene süße Spalte schätzt sie ebensowenig. Sie läßt mich da machen, was ich will, aber begeistert wirkt sie nicht. Wenn ich – selten genug – nachfrage, wird sie ärgerlich. Das wilde Rumgestöhne sei nicht ihre Sache. Sie sei ein lautloser Typ, das müsse ich akzeptieren.

Woanders berührt zu werden, gefällt ihr schon besser. Aber dann macht sie sich Sorgen, ich könnte ihren Körper nicht schlank genug, nicht straff genug finden. So ein Unsinn. Ich kann reden und streicheln und küssen wie ich will. Sie glaubt mir nicht. Sie denkt, ich bin pädagogisch mit ihr. So wie sie mit mir.

Irgendwann nahm ich all meinen Mut zusammen und fragte Giselle, warum sie eigentlich mich geheiratet habe statt einen umgänglichen Schwulen. Da schaute sie mich an mit großen erstaunten Augen und sagte: »Und du? Warum mich statt ein lüsternes Vollweib?«

Und nun stehe ich hier und erzähle Ihnen diese kleine intime Geschichte und hoffe auf eine Erklärung.

Fiesta Gitana

Lena geht ins Schlafzimmer. Das breite Bett ist nur zur Hälfte mit Laken und Bettzeug versehen. Die andere Hälfte ist nackte Matratze.
Lena schlägt den obersten Teil der Steppdecke zurück, um das Kopfkissen bloßzulegen. Sie schließt das Fenster und läßt die Jalousie bis zu den Topfpflanzen hinunterrasseln.
Im sonnig flirrenden Dämmer fährt sie mit dem Finger das CD-Regal hinauf, hält zögernd inne, zieht schließlich eine der Schachteln heraus, klappt sie auf, tritt an den Player und drückt den Power-Knopf.

Fiesta Gitana.
Schon zirpt und seufzt die Gitarre, umgurrt eine zweite, die sich keck ziert, dann ungestüm losjagt, verfolgt von der ersten.

Lena setzt ihre Brille ab, zieht ihren Rock aus, dann den Slip. Sie legt sich aufs Bett, sie knüllt das Kopfkissen unter den Nacken. Sie schließt die Augen.

Wie selbstverständlich steht sein Gesicht vor ihr. Nicht sein Gesicht von heute, mit diesem schmalen Blick, diesem kleingespitzten Mündchen, den eingekniffenen Winkeln. Nicht sein Gesicht, das sich nervös ironisch verzieht, das bebt und zuckt vor Anstrengung, keine Empfindung preiszugeben. Zwei Monate hat sie dieses Gesicht nicht mehr gesehen, und sie möchte es vergessen.
Sein Gesicht von damals steht vor ihr, als sie sich noch liebten, ach, so inbrünstig begehrlich liebten. Diese gelösten Züge, dieser schwellende Mund, dieser herrische und dann so sanfte Blick. Und die Gitarren, wie sie gebie-

terisch hämmern, Fiesta Gitana, ach mein Geliebter, schau mich an, wie ich nach dir schmachte, deine leise rauhe Stimme, deine feste Zunge, ach, Geliebter, ich kann dich nicht vergessen ...

Wie sie so daliegt, und die Sonne kitzelt durch die Ritzen der Jalousie, flimmert ihr über die Lider, wärmt ihr die lauen Schenkel – da klingelt das Telefon. Und klingelt. Und klingelt.

Lena wartet träge, daß es aufhört.

Schließlich langt sie über die nackte Matratze hinweg zum Tisch und nimmt den Hörer auf: »Ja?«

»Hier ist Daniel.«

»Nein«, lacht sie verwirrt in die Muschel. »Weißt du, was ich gerade mache? Warte, ich stell die Musik leiser. Unsere Musik. Hörst du sie? Ich liege auf dem Bett und denke an dich und streichle mich. Daniel. Seit zwei Monaten habe ich nichts mehr von dir gehört. Ich hätte dich nie angerufen. Wieso rufst du mich an? Gerade jetzt in diesem Moment?«

Nun ist er der Verwirrte. Er lacht, er stottert, er gerät aus dem Gleis, alles bricht zusammen, was er wohlformuliert vorbereitet hat: »Ich wollte ... ich habe ... ach, mein Schatz, meine Liebste, es ist Sommer und warm, und ich muß dauernd an dich denken. Gerade habe ich unsere Musik gehört, genau wie du, und an dich gedacht, an dein herzhaftes Lachen, ich sehne mich so sehr nach dir ...«

»Ach Liebster, willst du hören, was ich mit mir mache? Sag mir, daß du es hören willst.«

»Ja, ich will es hören. Sag mir, was du tust. Sag mir alles.«

Lena läßt sich zurückfallen ins Kissen. »Ich liege auf dem Bett, an der Fensterseite, die Sonne glitzert auf meinen Beinen. Sag mir, daß du mich liebst, Daniel. Ich versteh dich so schlecht. Die Musik, Liebster. Geh ganz nah an den Hörer mit deinem Mund. Ja, das ist gut. Das hat mir so gefehlt. Sag, was du an mir liebst. Sag, wo du mich jetzt anfassen möchtest, wo du mich küssen möchtest. Bist du geil auf mich? Sags. Sag, daß du geil bist auf mich. Oh, das ist gut. Hörst du mich atmen? Was tust du gerade? Ja, erzähl's mir. Erzähl mir ganz genau, was du tust. Das gefällt mir, Daniel. Die Härchen an meinen Armen stellen sich auf, wenn du so was sagst. Mach weiter. Bitte mach weiter. Ich mag deine Stimme so sehr.«

Und die Sonne funkelt, und die Gitarren schluchzen und jauchzen. Das Fleisch wird mürbe, die Knochen porös, und die Seele schwingt sich in die Welt, die sich weitet, die kein Ende hat.

»Kann ich Sonntag kommen?«
»Aber ja, Daniel. Ich habe dich so vermißt.«

Es ist Sonntag, und Lena, die Königin, schreitet ins Bad. Sie schäumt sich den Körper, das Haar, sie cremt sich duftend ein, lackt sich die Nägel, schlüpft in den transparenten Body, verschließt den Schritt mit drei Druckknöpfen, schlingt sich Seide um die Hüften, klingelndes Silber um Hals und Arme.
Da schrillt das Telefon.
Sie stellt die Musik klein.
»Hier ist Daniel. Ich kann nicht kommen.«
Eben noch glühend vor Übermut. Nun der Absturz ins Eis.
»Warum kannst du nicht kommen?«
»Ich habe einen Termin.«
Jetzt könnte sie loswüten wie früher, wenn Daniel Verabredungen in letzter Minute verschob. Fantasiereiche Ausflüchte erfand. Sie sitzenließ mit ihrer tollkühnen Liebe, mit ihrer wilden Sehnsucht, die er nicht ertrug. Die ihn klein machte und sie groß. Jetzt könnte sie toben und schreien und ihn verlieren wie damals. Oder sich zähmen lassen, damit er sie aushielt. Keine lodernde, hochkochende Liebe, sondern wohldosiert, auf Sparflamme gegart. Das wollte sie nie.
»Daniel«, sagt sie ganz ruhig,»ich hatte mich so auf dich gefreut. Leb wohl.«

Sie setzt die Brille ab. Sie dreht die Musik auf. Sie legt sich aufs Bett. Sie weint nicht. Sie spürt die Wülste der Steppdecke unter ihrem Rücken.

In die Gitarrenmusik hinein klingelt das Telefon. Es klingelt und klingelt. Es will nicht aufhören. Es schreit nach ihr. Sie läßt es schreien.
Ja, denkt sie, er hat recht. Es ist gefährlich, zu lieben.
Sie schließt die Augen, greift hinunter zum Schritt, läßt einen Druckknopf nach dem anderen aufplatzen, bis sie pelzig freiliegt.
Die Sonne sticht durch die Ritzen der Jalousie, die Gitarren wüten, das Telefon schreit, die Seide juckt auf der Haut.

Und zornig beginnt sie mit der Arbeit. Raus aus dem Eis. Rein in die Lust. Sie schafft. Sie schwitzt. Sie ist erfolgreich erschöpft.

Da endlich verstummt das Telefon.

Mama Venus

Jörg war ein ganz normaler Mann. Schlank, sportlich, gepflegt, das Haar auf dem Oberkopf etwas schütter. Er hatte eine Lebensstellung beim Finanzamt, war geschieden und tat sich ein wenig schwer mit den Frauen. Nicht daß sich keine für ihn interessierte. Es war eher umgekehrt, er galt als der einfühlsame, unaufdringliche Einsame, der keine Frau zu brauchen schien. Jede glaubte, ihn vom Gegenteil überzeugen zu können.

Seit seiner Ehe, die knapp zwei Jahre gedauert hatte, blieben seine Kontakte zum weiblichen Geschlecht auf Spazierengehen, Kino und Tanzen beschränkt, dabei sah er zu, daß er keine der Frauen mehr als einmal die Woche traf, denn das hätte ihm möglicherweise als Interesse ausgelegt werden können.

Er genoß es, zu spüren, daß eine Frau ihn wollte. Das genügte ihm. Gut aufgeheizt durch Gabriele Suse Cornelia Marion pflegte er allein nach Hause zu gehen. Er liebte die enttäuschten Augen und war stolz, daß es ihm jedesmal gelang, wieder Hoffnung zu wecken.

Er besaß eine lebensgroße aufblasbare Plastikfrau, bei der er seine ganze Leidenschaft ausleben konnte. Mit ihr fühlte er sich glücklich. Sie wollte immer, wenn er wollte. Sie klagte nie, machte keine Vorwürfe, hatte weder Kopfschmerzen noch Monatsblutungen, nie war sie müde, außerdem ließ sie sich zusammengefaltet in jedem Aktenkoffer unterbringen. Notfalls folgte sie ihm auf die Toilette, wenn kein stimmungsvollerer Ort vorhanden war. Sie fand ihn nie pervers, was auch immer er sich einfallen ließ, und nie störte sie seinen Rhythmus mit unpassenden Bewegungen und Worten. Kurz, sie war die Universalgeliebte.

Er hatte das teuerste Modell erstanden, Marke Venus, abwaschbar und hygienisch, mit handgeknüpftem Scham- und Kopfhaar in diversen Farben, Mahagoni hatte ihn am meisten angesprochen.

Eines Abends, als er aufgekratzt von einem Tanzfest zurückkehrte – Suse hatte sich ganz eng an ihn gedrückt und ihm die heißesten Vorschläge ins Ohr gegurrt, er war sie kaum losgeworden –, fand er seinen Hausschlüssel nicht. Er wühlte in allen Taschen – da ging plötzlich die Tür zu seiner Wohnung auf.

Vor ihm stand eine fette nackte Frau mit mahagonifarbenem Schambusch.

Er trat zurück. Wer sind Sie? Was machen Sie in meiner Wohnung?

Ich bin Mama Venus! lachte sie dröhnend, ich habe Hunger und Durst!

Auf Gäste bin ich überhaupt nicht eingestellt! wandte er ein, Brot und Belag reichen gerade für mich allein!

Sie lachte: Ich will haben, was du mir jahrhundertelang verweigert hast!

Was habe ich dir verweigert?

Dich.

Ihre warme fleischige Hand zog ihn in die Wohnung und schloß die Tür. Ohne ihn einen Moment loszulassen, schob sie ihn bis in sein Schlafzimmer. Er wagte nicht, sich zu sträuben. Ihre breiten Schenkel bebten. Sie stellte ihn vor sich hin und packte ihn bei den Schultern.

Wie du sicher weißt, sagte sie, bin ich fähig zu tausend Orgasmen nacheinander. Tausend Orgasmen, über die Jahrhunderte aufgespart für dich, ich schenke sie dir, mein Schatz, mein Zuckerchen, mein Schmuckstück!

Jörg erblaßte. Mama Venus nahm seine Hand und führte sie langsam über eine ihrer vollen Brüste, die bei der Berührung sofort steil nach vorne sprang wie eine fleischfressende Pflanze.

Das willst du doch! schnurrte sie. So was gefällt dir, von solchen Brüsten wimmelt es in deinem Kopf, ich kenne dich, ich kenne alle deine geheimsten Fantasien. Du mußt wissen, ich bin die fleischgewordene Venus deiner Fantasie. Die maßlose Kraft deiner Gedanken und Gefühle hat mich zum Leben erweckt. Ich bin die heiße Hure und Geliebte, die du dir vorstellst, während du es mit deiner braven Plastikehefrau treibst. Über die Jahrhunderte hast du dich neben deinen Kriegsspielen mit nichts beschäftigt als mit mir, der prallen, tropfenden, immer bereiten Fotze. Hier bin ich!

Sie öffnete ihr riesiges Maul, ihre fette Zunge schnellte hervor und leckte über die sattroten Lippen. Na, mein geiles Schätzchen, das ist doch genau, was du ersehnst. Ich bin deine Traumfrau.

Sie griff zwischen seine Beine und schmatzte befriedigt. Ah, wirkt es schon? Gefallen dir meine Worte? Mit der Gelassenheit einer Maschine zog sie ihm gegen sein Sträuben die Kleider aus, legte ihn aufs Sofa und warf sich über ihn.

Am nächsten Tag erschien Jörg bleich und übernächtigt bei der Arbeit. Die Kollegen, denen er immer allzu seriös erschienen war, neckten ihn.

Ich schlendere noch ein wenig durch den Park, sagte er sich, nachdem er acht Stunden lang Steuererklärungen durchgesehen hatte. Aber seine Füße trieben ihn nach Hause. Ich gehe noch kurz ins Café, dachte er, während er bereits in seine Straße einbog. Ich rufe Gabriele an, vielleicht hat sie heute abend Zeit, dachte er und stand schon vor seiner Wohnungstür. Ehe er den Schlüssel gefunden hatte, öffnete Mama Venus.

Sie drückte ihn sanft an sich, warf ihn nieder und nahm ihn auf dem Veloursteppich. Dann schleppte sie ihn in die Küche, anschließend in sein Arbeitszimmer, wo sie ihn über den Schreibtisch bog, danach ging es ins Bad.

Du wunderst dich sicher, grunzte sie, als er erschöpft auf die Couch gesunken war, über deine außerordentliche Potenz. Du mußt wissen, ich habe dir all dein Sperma zurückgegeben, das du je in diese Plastikfrau verschwendet hast, während deine Gedanken bei mir waren. Sie beugte sich zu ihm hinunter und tätschelte ihm die Backe.

21

So, mein Schnuckchen, jetzt probieren wir zusammen jede deiner Stellungen aus!

In den Pausen, die sie ihm gleichwohl zur Erholung lassen mußte, saß sie breit auf dem Küchenstuhl und verzehrte eine Schnitte Brot nach der anderen.

Tage und Wochen vergingen. Jörg magerte ab. Die Art, wie Mama Venus das Brot hinunterschlang, nahm ihm den Appetit. Er war seit jeher Ästhet und Feinschmecker gewesen.

Mama Venus war unersättlich. Na, mein Hengst, flötete sie und brachte Jörg, so müde er auch war, durch bloßes Antippen zum Strammstehen.

Bitte, nimm dir zwischendurch einen anderen Mann! flehte er.

Ich will dich! schnaubte sie und griff nach ihm.

Von Tag zu Tag fühlte er sich schwächlicher, und endlich ließ ihn auch sein Geschlecht, das bis dahin mühelos und jederzeit reagiert hatte, im Stich. Entsetzt sah er, daß es zu schrumpfen begann, es war, als zöge es sich ängstlich in seinen Körper zurück.

Ist deine Potenz schon aufgebraucht? rief Mama Venus und knetete erbost an ihm herum. Nichts regte sich.

Ich bin nicht in Stimmung! klagte Jörg und kroch in sich zusammen. Da öffnete sie ihr riesiges Maul mit den sattroten Lippen, schnappte das zarte Bündel Jörg und verschlang es.

Zurück in den Mutterleib! knurrte sie.

Gabriele Suse Cornelia Marion riefen ihn vergeblich an, um mit ihm spazierenzugehen oder ins Kino oder zum Tanzen. Sie teilten ihm in langen, sehnsüchtigen Briefen mit, was sie alles bereit waren, für ihn zu tun, um sein Mißtrauen zu überwinden. Er schrieb nie zurück. Da haßten sie ihn und warteten. Jeder Mann, der sich um eine von ihnen bemühte, wurde abgewiesen mit den Worten: Meine Gefühle sind noch bei Jörg!

Helenas Hintern

Helena war überzeugt, daß ihr schwerer Hintern, ihre Fußballerwaden und ihre unreine Haut der Grund dafür gewesen waren, daß Erik sich von ihr getrennt hatte.

Sie haßte sich und diesen Körper, der einfach keiner Norm entsprechen wollte, soviel sie auch mit Diäten und Fitneßtraining an ihm herumbesserte.

So war sie halb erstaunt, halb geschmeichelt, als Julian sich kopflos in sie vergaffte. Wie wohl es tat, von einem Mann mit Liebkosungen verwöhnt, mit Geschenken bedacht und mit Komplimenten überhäuft zu werden.

Immer wieder wollte sie dieses »Du bist meine Schöne« hören, und Julian wurde nicht müde, es ihr bei jeder Gelegenheit ins Ohr zu hauchen.

Ihn schienen weder ihr Hintern noch ihre Fußballerwaden zu stören, und ihre unreine Haut entdeckte er erst, als sie ihn ausdrücklich darauf hinwies. Nun muß man dazu sagen, daß er selbst auch keine Schönheit war: groß, schwerfällig, glatzköpfig, mit ausgeprägtem Bierbauch und riesigen Schaufelhänden, die unschlüssig rechts und links vom Körper herabhingen.

Bei einer attraktiven Frau hätte er keine Chance, dachte sie, deshalb nimmt er mit mir vorlieb. Gleichwohl genoß sie seine Liebkosungen, die natürlich nichts anderes als plumpe Strategien waren, um sie ins Bett zu locken. Wenns ums Bett geht, dachte sie, sind die Männer blind. Und hinterher kommt der Schock. Eine gnadenlose Morgensonne legt die Wahrheit bloß: akne-narbige Wangen, krause Orangenhaut, plumpe Schenkel – und was sonst noch alles an körperlichen Scheußlichkeiten existiert. Darum verkriechen die Kerle sich morgens hinter ihrer Zeitung, dachte Helena, sie wollen den häßlichen Tatsachen nicht ins Auge blicken. Am Morgen hassen sie ihre Bettgefährtin, von der sie sich hinters Licht geführt fühlen.

Sie zögerte den ersten Geschlechtsverkehr mit Julian hinaus, um seine Komplimente so lange wie möglich genießen zu können.

»Du hast einen geheimnisvollen Blick«, seufzte er wie ein italienischer Gigolo, »eine zarte Taille, ein erfrischendes Temperament.«

Erik hatte ihre Impulsivität »launisch« genannt und ihren Silberblick »schielen«, und eine Taille hatte er nie bemerkt. Nun war Helena ganz überrascht, daß sie etwas derartiges überhaupt besaß. Am schwierigsten war es für Erik gewesen, sich an ihre schwarz gepunkteten Beine zu gewöhnen. Direkt nach jeder chemischen oder mechanischen Entfernungsaktion begann das Haar kräftig nachzuwachsen. So wie manche Männer sich morgens rasieren und am Abend wieder stoppelbärtig herumlaufen. Schade, daß so ein Stoppelbart ums männliche Kinn attraktiver ist als an weiblichen Beinen, dachte Helena mißmutig.

Als sie den langen Rock lüpfte, um Julian auf ihre schwarzen Haarstoppeln aufmerksam zu machen, behauptete er entzückt, er fände Haare in jeder Form und an jeder Stelle außerordentlich sinnlich, sie solle sie unbedingt wachsen lassen.

Gut, über Geschmack läßt sich streiten, dachte Helena. Aber sich für behaarte Frauenbeine zu begeistern, ist doch pervers. Und sie betrachtete Julian nun mit beunruhigter Skepsis. Er gestand ihr beiläufig, daß er unter dem Gegenteil gelitten habe: einem Mangel an Körperbehaarung. Sie solle sich nur mal seinen beinahe kahlen Schädel anschauen. Selbst seine Brust, sagte er, weise nicht mehr als drei, vier blonde Härchen auf.

»Die meisten Frauen mögen haarlose Männer. Auch gegen eine Glatze haben sie nichts«, behauptete Helena. Aber sie spürte, daß er ihr nicht glaubte. Um sein Selbstbewußtsein zu stärken, ging sie mit ihm ins Bett. Es war schnell und unkompliziert. Sie hatte keine Zeit, sich über irgendwelche Körpermängel Gedanken zu machen.

Der Sex mit Erik hatte immer angespannte Konzentration erfordert. Wenn er sie mit technisch ausgefeiltem Knowhow streichelte, ein exzellenter Liebhaber, der wußte, wie man eine Frau handhabt, folgte sie mit allen Sinnen seinen Händen, die ihre unzulängliche Silhouette nachzeichneten. Eriks Fingerkuppen waren mit Helenas Nervenenden ausgestattet, jeden Pickel nahmen sie wahr, jede Unebenheit des Fleisches. Mit seinen Händen fühlte sie die rauhe Stoppelfläche ihrer Waden und die mächtige Wölbung ihres Hinterns. Sie roch ihren von Pfefferminzbonbons überdeckten schlechten Atem mit seinen Geruchszellen, sie spürte die Trockenheit ihrer Lippen mit seiner Lippenhaut.

Obwohl es anstrengend war, mit Erik zu schlafen, hatte sie es getan, so oft er wollte, nur damit er über ihren makelhaften Leib hinstrich und ihn veredelte durch die Gnade seiner perfekt geformten Hände.

Und dann verließ er sie wegen dieses Glamour-Girls in Lack und Glitzer, hochbeinig, in einer Duftwolke schwebend.

Erstaunlich war: Julian sprang nicht direkt nach ihrem ersten gemeinsamen Akt unter die Dusche wie Erik, flüchtete sich nicht spätestens am Morgen nach der Tat vor ihren stoppelbärtigen Waden, vor ihrem sehnsüchtig schielenden Blick hinter seine Morgenzeitung. Julian hielt sie im Arm, und sie empfand mit angenehmem Erstaunen, daß sie Zeit hatte.

»Sei mir nicht böse«, sagte er, »daß alles so schnell ging. Ich habe lange nicht mehr mit einer Frau geschlafen.«

Es war reinste Bequemlichkeit, daß Helena sich weiterhin mit ihm traf.

Er freute sich arglos, wenn sie mit ihm ins Kino oder spazierenging. Er rief sie immer wieder an. Sie hätte sich entschiedener gegen ihn wehren sollen. Aber sie war seltsam kraftlos. Und natürlich schmeichelte es ihr, daß er nicht lockerließ, obwohl dieses erste gemeinsame Betterlebnis nun nicht gerade eine gelungene Inszenierung gewesen war. Er versuchte sie sogar von neuem zu verführen. Er streichelte sie unermüdlich, knabberte endlos an ihren Ohrläppchen, küßte ihr Hals und Schultern, bis sie sich in einer Art Trance den Dingen überließ.

Man kann nicht sagen, daß es ihr so richtig schlecht dabei ging. Sicher, der Sex war in keinster Weise aufregend wie mit Erik, es hatte fast etwas wohlig Langweiliges, als schwebe sie auf einer Federwolke.

Mit der Zeit wurde sie beinahe übermütig, um nicht zu sagen, realitätsfremd. Denn eines Tages besuchte sie zusammen mit Julian leichtfertig jenen Club, in dem, wie sie wußte, auch Erik verkehrte.

Und da war er auch schon. Mitten auf der Tanzfläche sah sie ihn stehen, wie er seine neue Flamme innig im Arm wiegte, und der Schmerz durchschoß sie wie eine Feuerkugel.

In diesem Moment erinnerte sie sich, was Leidenschaft war. Oh, diese Qual, nicht geliebt zu werden! Diese Qual, nun in Eriks Armen die Frau zu sehen, die sie hätte sein sollen und die sie beim besten Willen nicht war: eine Glitzerpuppe, langbeinig, samthäutig, madonnablond, mit aufgeworfenen Lippen. Ach, diese unerreichbare Schönheit!

Seit dieser Begegnung nagte wieder an ihr, was sie schon beinahe vergessen hatte, eingelullt durch Julians Lügengegurre. Fast hatte sie zu glauben begonnen, sie sei schön mit ihrem festen glatten Fleisch, ihrem langen Hals, ihrem rassigen Profil, ihrem prachtvollen Haar.

Nicht nur an ihren eigenen, sondern auch an seinen Körper hatte sie sich seltsam gewöhnt. An seinen Kahlkopf, den sie plötzlich als reizvoll männlich empfand. Seine dickliche Mitte, die ihr sinnlich und genußfreudig vorkam. Seine groben Hände, die so zart zu berühren verstanden.

Doch nun, nach dem schmerzhaften Kontakt mit der Wahrheit, zog die Schwere ihres Hinterns sie von der Federwolke zurück auf den harten Asphalt der Realität.

Damals, als Erik ihr Avancen gemacht hatte, hatte sie nicht glauben wollen, daß er tatsächlich sie meinte. Und in der ersten Nacht mit ihm hatte sie sich, trunken vor Glück, schön und wertvoll gefühlt, überrascht, daß er sie nicht direkt nach dem Beischlaf verließ. Bis heute begriff sie nicht, warum er es zwei Jahre lang mit ihr ausgehalten hatte.
Es schmeichelte ihm, daß ich ihn so anhimmelte, dachte sie. Mich für seinen sportgestählten Körper begeisterte. Aber irgendwann genügte ihm meine Begeisterung nicht mehr.

Nun begriff sie endgültig, daß für sie nur ein unvorzeigbarer, unaufregender Liebespartner in Frage kam. Einer, der zunehmend lästig wurde, wie er verliebt an ihr herumfingerte.
Immer zorniger wehrte sie ihn ab.
Fassungslos fragte Julian schließlich: »Was ist passiert? Warum bist du so verändert?«
Sie konnte es ihm nicht sagen. Sie konnte ihm nur sagen: »Du gehst mir entsetzlich auf die Nerven.«
Er schaute sie an und murmelte: »Schade. Ich liebe dich so sehr.«
Diese weiche Stimme! Dieses kummervolle Beben! Alles störte sie. Alles. Wie er vorwurfsvoll in seinem Essen herumstocherte! Daß er sie ständig mit Gesprächsangeboten behelligte! Da gab es nichts zu reden, nichts zu klären. Seine breitgelatschten Schuhe. Diese ewigen Jeans. Diese flusigen Resthaare am Hinterkopf. Diese vollen Lippen. Diese weißen Arme. Und vor allem seine Traurigkeit, wenn sie ihn gerade mal wieder angefahren hatte.
Und noch immer wollte er mit ihr zusammenziehen, mit ihr Kinder haben, noch immer meinte er, sie sei über die Trennung von Erik nicht hinweg, projiziere auf ihn, was

dem anderen galt, der sie verlassen hatte. Er begriff gar nichts. Er begriff nicht, daß sie ihn nicht mehr liebte. Daß sie ihn nie geliebt hatte. Er begriff nicht, daß er kein Mann war, den sie lieben konnte.

Ihr Liebesgestammel sei ohne Bedeutung gewesen, fuhr sie ihn an, leichtfertig dahergeplappert aus einer Laune heraus. Er solle sich keine Hoffnung machen, daß sie jemals ein Paar würden.

Seine Lippen zitterten, eine Träne rann aus seinem Augenwinkel. Es war unerträglich.

Schließlich stand er auf, sah sie an mit seinen nassen Augen und sagte leise: »Alles Gute.«

Und ging. Sie hörte seinen schweren Schritt die Treppe hinunterstapfen.

Morgen wird er wieder anrufen, wie er das seit einem halben Jahr täglich tut, dachte sie. Hoffentlich ruft er nicht an.

Er rief nicht an. Und am Tag darauf auch nicht. Er rief die ganze Woche nicht an.

Ihre Erleichterung, daß er fort war, begann sich mit Sorge zu mischen. Offenbar hatte sie ihn ernsthaft beleidigt. Mal sehen, dachte sie unwillig, wie lange er es aushält, sich nicht zu melden. Einen losen Kontakt könnte man doch beibehalten. Sich ab und zu treffen. Gelegentlich ins Kino gehen. Oder ins Café. Sich ein wenig austauschen über das Leben. Mein Gott, ist dieser Mann empfindlich!

Aber es vergingen die Wochen, und sie hörte nichts von ihm.

Er ist gekränkt, dachte sie, aber er muß ja nicht gleich jeden Kontakt zu mir abbrechen. Man könnte doch ab und zu telefonieren. Sie verkniff sich, ihn aus alter Gewohnheit einfach anzurufen. Dann glaubt er womöglich, wir hätten noch eine Chance miteinander.

Ich lasse ihm Zeit, dachte sie. Irgendwann ist sein Groll vorbei, und wir können wieder locker aufeinander zugehen, wie das andere Leute auch tun.

Wieder vergingen Wochen. Und allmählich nahm eine ziellose Unruhe von ihr Besitz. Eine Unruhe, die irgend etwas mit Sehnsucht zu tun hatte. Nein, nicht nach ihm. Aber nach dem entspannten Gefühl mit ihm, das fast eine Art Glück gewesen war, eine selige Zufriedenheit, etwas wie im Gleichgewicht sein, etwas, das sie so noch nie erlebt hatte.

Seine wohltuend warmen Hände. Seine sanfte Stimme. Sein liebes Lächeln. Seine süßen Worte. Vermißte sie das alles? Ja, offenbar vermißte sie das. Was nun? Er war fort. Er wollte sie nicht mehr sehen, nichts mehr mit ihr zu tun haben. Sie hatte ihn vertrieben.

Die Rastlosigkeit begann sie zu peinigen. Schließlich faßte sie sich ein Herz und rief ihn an. Als sie seine leibhaftige Stimme hörte, warf sie erschrocken den Hörer zurück auf die Gabel.

Sie konnte sich ihm doch nicht aufdrängen, nach allem, was passiert war. Er wollte sie nicht mehr sehen, das war doch deutlich. Sie war ihm zu anstrengend geworden. Er hatte sie nie wirklich geliebt, sonst hätte er ihre Schattenseiten ausgehalten. Hätte angerufen. Hätte sich mit ihr versöhnt.

Sie rief an, sie legte auf.

Um sich in ihrem Zimmerchen nicht in einen lächerlichen Katzenjammer hineinzusteigern, raffte sie allen Mut zusammen und ging in den Club. Da saß er breit auf einem zierlichen Stuhl und sah sie nicht. Hinter ihm stand eine junge Frau mit blondem Engelshaar, umfaßte zärtlich seinen Oberkörper und drückte ihm einen Kuß auf den kahlen Schädel. Innig schmiegt er sich in ihre Arme.

Helena starrte die beiden an. Es konnte doch nicht sein, daß eine schöne Frau wie diese einen häßlichen Kerl wie Julian – ?

Diese schmalen Beine, dieser Glitzerkörper, aber weicher als damals mit Erik. Ja, sie war es. Eriks Flamme.

Und er? Erik?

Er stand allein am Tresen mit steifem Rücken.

Helena wußte nicht, was sie fühlte, als sie stracks auf ihn zuging und ihn fragte, wie es ihm gehe.

»Mäßig«, knurrte er.

»Du bist nicht mehr mit dieser Frau zusammen?«

»Du siehst ja«, kam es gepreßt, »sie ist in diesen Glatzkopf vernarrt, mit dem du deine Bettgeschichte hattest. Dieser Supermacho scheint ein Patentrezept für Frauen zu haben. Keine Ahnung, wie er die Lady rumgekriegt hat. Keine Ahnung, was er von ihr will. Ist doch nichts dran an ihr. Knochig. Spitznasig. Piepsstimme. Daß er auf deine weiblichen Formen abgefahren ist, das kann ich ja noch nachvollziehen. Aber sag mir, was hat sie zu bieten?«

»Ich verstehe das alles nicht«, murmelte Helena.

»Ich auch nicht«, erwiderte Erik und kippte seinen Cocktail.

Helena betrachtete ihn: sein mahlendes Kinn, seine festen Kiefer, seinen schwimmenden Blick.

Dann schaute sie Julian an mit dieser Frau, und ein wehmütiger Schmerz breitete sich in ihrer Brust aus.

Sie tastete nach Eriks Hand. Überrascht nahm sie wahr, daß er ihr ein Lächeln schenkte, ein schüchternes, dankbares Lächeln.

Im Windfang

Die Garderobiere hatte es Hendrik angetan. Eine riesige Blonde, die, wenn sie sich über die Barriere beugte, um ihm das Mantelpaket zu überreichen, die Fülle ihres blanken Ausschnitts präsentierte. Diese samtene Haut! Dieser weiche Übergang zu den runden Brüsten!

Hendrik, der nicht auf den Mund gefallen war, pflegte die Garderobiere seit ein paar Wochen allabendlich in scherzende Gespräche zu verwickeln, um sich über die praktischen Handreichungen hinaus noch ein wenig an ihrer Wohlgeformtheit zu ergötzen. Freundlich ließ sie sich auf sein Geplänkel ein.

Aber natürlich war er nicht der einzige, dem ihr Ausschnitt gefiel. Sein Freund Lars verdarb sich die Chancen wie üblich durch eine ungeschickte Ironie und mußte sich mal wieder mit der Rolle des neidvollen Zuschauers begnügen. Im Gegensatz zu Hendrik, der sein Single-Dasein genoß, suchte Lars dringend eine neue Partnerin, nachdem ihn seine langjährige Freundin verlassen hatte. Doch das Tändeln lag ihm nicht. Er war einer, der am liebsten auf Anzeigen antwortete und sich dann mit großer Ernsthaftigkeit für eine der Interessentinnen entschied.

Angesichts der Garderobiere übertraf Hendrik sich selbst. Lars hatte ihn noch nie so engagiert, so geistreich, so verführerisch erlebt. Geschmeidig schlüpfte er aus seinem Jackett, wuschelte sein lockiges Haar in Form, ließ sein silbern smaragdenes Hemd im gedimmten Licht changieren, und die Garderobiere beugte sich immer wieder zu ihm vor, um ihm mit halblauter Stimme kleine Vertraulichkeiten zu offenbaren.

So ging es Abend für Abend. Lars wartete, Hendrik balzte,

die Lady raunte. Aber weiter tat sich nichts, wie Hendrik mit leichter Verzweiflung feststellte. Seine Angebetete reagierte auf keinen tiefen Blick, auf keine persönliche Bemerkung, auf keinen Körperkontakt. Sie schien nicht zu spüren, daß er beim Reden ihren Unterarm, ihren Oberarm, ihre Schulter berührte. Ihm war, gestand er Lars, als tänzele er lächerlich wie ein ferngesteuertes Äffchen auf ein und demselben Fleck.

Lars, der eher im energischen Durchstehen von Beziehungskonflikten, weniger im prickelnden Lustgeplänkel ein Profi war, verkniff sich ein hilflos schadenfrohes Lächeln.

An diesem Abend gab es Life-Musik. Eine Frauen-Band in pinkfarbener Ledermontur lärmte wild herum, die halbnackte Sängerin brüllte Songs von finsterer Erotik ins Publikum. Halb stimuliert, halb erschlagen sprangen Lars und Hendrik wie alle anderen von ihren Sitzen und forderten trampelnd Zugaben. Nachdem der hitzige Beifall verebbt war, bat Hendrik wie üblich seinen Freund Lars zu warten, bis sich der Ansturm auf die Mäntel gelegt hatte und die blonde Lady mit ihrem Ausschnitt sich in Ruhe den Balztänzen ihres beharrlichen Verehrers widmen konnte.

Als der letzte Gast gegangen war, schlenderten die zwei zur Garderobe. Wie immer wartete Lars gelangweilt, daß Hendrik nach minutenlangem Flirt mißgelaunt auf ihn zukam.

Die Mäntel hatte Hendrik bereits über dem Arm, als die Schöne sich unvermittelt weit über die Barriere hinwegbeugte – ihr Gesicht war direkt vor Hendriks Gesicht, fast berührten sich ihre Nasen –, und mit heller Stimme, in der Verzweiflung mitschwang, folgendes sagte: »Gibst du mir einen Tip, wie ich es anstellen kann, gefickt zu werden?«

Hendrik stand starr und preßte die Mäntel an sich. Da begriff sie, daß sie ihm eine Erklärung schuldete, und setzte rasch hinzu: »Nicht von dir.«

Hendrik schaute sie an, und er dachte an all die Männer, die allein ihretwegen Abend für Abend in die Garderobe kamen, um ihr Wintermäntel, Jacketts, Schals, Schirme und Pullover zu überreichen und sich für einen kurzen Moment an ihrem samtenen Ausschnitt zu berauschen. Dann warf er einen Blick in den hohen Garderobespiegel, betrachtete sich, wie er über der Barriere lehnte mit seinem schillernden Hemd, mit seinem Lockenkopf, in den man gleich hineinfahren möchte als Frau, dachte er. Und schließlich wandte er sich wieder ihr zu, der schönen Riesin, die noch immer zu ihm hinübergebeugt stand und gespannt auf seine Antwort wartete.

Er räusperte sich und sagte mit leicht belegter Stimme: »Ich habe keine Ahnung.«

Dann stieß er sich von der Barriere ab und folgte Lars, der bereits im Windfang verschwunden war.

Easy living

Uta hat beschlossen, ihren Geburtstag ausfallen zu lassen. Aber als sie dann allein zu Hause sitzt und niemand kommt, um ihr zu gratulieren, fühlt sie sich plötzlich ungeliebt.

Sie geht ans Telefon und ruft Philipp an.

»Ich habe Geburtstag«, sagt sie, »ich möchte gern einen Nachmittagstee bei dir trinken.«

Er ist gleich einverstanden. Bei einem Geburtstag kann man schlecht nein sagen.

»Aber bitte schenk mir nichts«, sagt sie.

Als sie kommt, hat er eine brennende Kerze auf den Tisch gestellt, einen dicken Strauß Blumen, süße Plätzchen für sich und salzige für sie und will gerade den Tee aufgießen.

Sie küßt ihn gerührt, während er das Teenetz erhoben in der Luft hält.

Sie kennen sich nun fünf Wochen. Anfangs hat er wohl ein kurzes geiles Abenteuer erwartet und sie vor ihrer Haustür so gekonnt umarmt, daß es ihr schwer fiel, ihn fortzuschicken. Nach einigen Treffen dieser Art stellte er seine Verführungsversuche ein, verabredete sich aber weiterhin mit ihr. Man ging ins Kino oder in die Kneipe oder spazieren. Seine Küsse begannen ihr zu fehlen und sie versuchte, die Zärtlichkeit der ersten Zeit wiederzubeleben, bis er sich zornig lachend wehrte: »Was willst du überhaupt von mir?«

»Nichts überstürzen«, sagte sie.

Und nun dieser liebevoll vorbereitete Geburtstag.

Uta beginnt sich unbedacht wohlzufühlen, sie räkelt sich in Philipps Wärme, sie genießt, wie er souverän hin- und hergeht zwischen Spüle und Eßtisch, wie er ihr Kandis hinstellt, braunen und weißen, und Lavendelblütenhonig, und Milch und Zitronenschnitze, je nachdem, wie sie ihren Tee möchte. Ein Anfall von seliger Liebe überkommt sie, ach, Philipp, wie schön ist dein breitgeschwungener Mund.

Aber als die Kerze heruntergebrannt ist, klingelt das Telefon und sie hört, wie er sich für den Abend mit Freunden verabredet. Sie springt auf und schlüpft in ihren Mantel, rennt zur Tür. Er läuft ihr nach, umarmt sie innig. »Einen schönen Abend noch.«

»Danke, dir auch.«

Am nächsten Tag kann sie sich nicht auf ihr Referat konzentrieren, das sie in der Woche darauf halten soll. Sie ruft ihn an: »Ich habe meine Geburtstagsblumen bei dir vergessen.«

»Ich schwing mich aufs Fahrrad und bring sie dir.«

Zehn Minuten später klingelt er. »Ich kann nicht lange bleiben. Ich sitze noch immer an dieser Filmkritik.«

»Einen Tee wirst du doch mit mir trinken.«

Er setzt sich. Sie hat nur ungesunden Süßstoff da für den Tee. »Ich wußte ja nicht, daß du kommst.«

Er erzählt, sein Sternzeichen sei Krebs, am liebsten laufe er schräg rückwärts. Er habe es sich gut in seinem Panzer eingerichtet, nur seine langen vorsichtigen Fühler recke er nach allen Seiten aus.

»Krebse haben keine Fühler«, entgegnet Uta, »sondern Scheren.«

»Mein Aszendent ist Fische«, fährt er fort, ohne ihren Einwand zu beachten, »ich glitsche immer weg. Nein, ich glaube nicht an Astrologie, das ist Spielerei. Was bist du?«

»Widder.«

»Oh je.«

»Wieso?«

»Widder und Fische vertragen sich nicht. Feuer und Wasser, sie können einander vernichten.«

»Du sagtest, du glaubst nicht an Astrologie.«

Er stürzt den lauen Tee herunter. Jetzt geht er, denkt sie. Schon erhebt er sich. Schon steht sie vor ihm. Als sein Mund zum Abschied zart über ihre Wange streicht, drückt sie sich gegen sein Jackett. Die Wärme seines Körpers dringt durch alle Stoffschichten bis auf ihre Haut.

Zögernd umfaßt er ihre Taille, biegt seinen Kopf schräg zurück, die Stirn skeptisch geriffelt, und betrachtet sie durch seine starken Brillengläser. »Was lachst du so?«

»Ich strahle dich an«, sagt sie übermütig.

Sie küßt ihm die weichen Lippen, bis er sie öffnet, bis er den Kopf von neuem zurücklehnt: »Heb nicht ab. Wir sitzen auf keinem fliegenden Teppich.«

»Wie meinst du das?«

»Ich möchte erst mal wissen, was wir voneinander wollen.«

Sie lächelt: »Was willst denn du?«

Er schiebt sie ein paar Zentimeter fort. »Eine Freundschaft. Eine geschwisterliche Beziehung. Die ist zwischen Fische und Widder möglich.«

»Und was ist da erlaubt?«

Blitzschnell läßt er seine Zungenspitze durch die Lippen züngeln. »Mehr ist nicht erlaubt.«

Uta züngelt zurück, streut Küsse über seine Wangen, über seinen Hals, er wehrt sich matt, er lacht hilflos: »Das ist aber nicht mehr geschwisterlich.«

So stehen sie mitten in der Küche neben den Geburtstagsblumen. »Natürlich«, sagt er mit schräg weggehaltenem Kopf und lachendem Mund, »natürlich würde ich dich gerne vernaschen.«

Sie küßt, schmust, streichelt unermüdlich weiter. Er schaut durch seine Brillengläser und durch ihre Brillengläser in ihre Augen. »Aber mir wäre es später lieber. Wenn wir eine stabile Freundschaft haben. Oft geht durch das Bett die Leichtigkeit verloren. Alles verhakt sich, wird verkrampft.«

Sie beschmust ihn pausenlos, spürt mit Wonne, wie sein Körper nachgibt, sein Hals sich ihr hinbiegt, während er weiterspricht: »Wenn wir eine stabile Freundschaft haben, und du hast Lust, mit mir ins Bett zu gehen, ruf mich einfach an. Dann komme ich.«

»Mein Gott, bist du mißtrauisch«, seufzt Uta zwischen zwei Kuß-Kaskaden. »Hast du so schlechte Erfahrungen mit den Frauen gemacht?«

Er lacht verdruckst auf. »Ja. Aber die Frauen auch mit mir.«

»Das kann ich mir vorstellen.«

»Wieso?«

»Na, der gepanzerte Krebs und der wegflitschende Fisch – welche Frau kommt schon mit einer solchen Kombination zurecht?«

Er streichelt zärtlich ihre Wange, ihr Kinn, sie genießt es, die Augen geschlossen.

»Du Circe«, sagt er zärtlich. »Willst mich in ein Schwein verwandeln.«

»Ja, gern.«

»Aber warum ausgerechnet ich?«

Ihre Brillengestelle klicken aneinander.

Sein Körper drängt zu ihr hin. Sein Mund gerät in Hitze. Seine Hände packen ihren Hintern. Sie legt den Kopf in den Nacken, schließt die Augen. Öffnet sie wieder, als nichts geschieht. Er betrachtet sie durch seine dicken Brillengläser. »Ich muß weg. Arbeiten.«

»Ich weiß.« Sie läßt ihn ein paar Schritte in Richtung Wohnungstür flüchten. Dann folgt sie ihm. Er greift mit der Rechten nach der Türklinke, mit der Linken ihre Taille, wühlt sich in ihren Mund. »Tschüs. Ich melde mich.«

Uta ist übermütig erleichtert, daß er fort ist. Sie spürt seine Körperwärme noch auf der Haut.

Jetzt wird er sich mindestens eine Woche nicht melden, denkt sie.

Am nächsten Morgen in der Frühe klingelt das Telefon. Er ist es. Ob sie zum Abendessen kommen wolle. »Ich mache Grüne Soße. Die kannst du doch essen als Vegetarierin.«

Als sie kommt, spürt sie gleich, daß er sich sicher fühlt. Er begrüßt sie mit einem souveränen Kuß auf den Haaransatz und setzt die Kartoffeln auf.

»Kann ich helfen?« In hausfraulichen Situationen ist sie immer ein wenig verlegen. Er reicht ihr die gewaschenen Kräuter und das Wiegemesser. Er lacht über ihre langsame Umständlichkeit. »Ich koche nie«, rechtfertigt sie sich.

Sie schüttet Milch in den Quark. Sie rührt die Kräuter unter. Er würzt. Er gießt die Kartoffeln ab. Gemeinsam pellen sie.

»Mir gefällt deine Fürsorglichkeit«, sagt sie.

»Die gefällt den meisten Frauen nicht«, behauptet er.

»Du mußt ja nicht allen Frauen gefallen.«

Er läuft zwischen Arbeitsplatte und Eßtisch hin und her, verteilt Teller, Gläser und Besteck, fragt:

»Was für Musik magst du hören? Was magst du trinken?«

»Jeans stehen dir gut«, sagt sie. Er errötet leicht. Er tritt an den CD-Player. »Sonst hast du immer diese Bundfaltenhosen an«, sagt sie. »Die sehen spießig aus.«

»Die sind bequem.«

Ihr gefällt sein kräftiges Becken. Ihr gefallen seine kräftigen Schenkel, seine starken Fußgelenke.

Er zündet eine Kerze an. Öffnet die Weinflasche.

Nun, da alles vorbereitet ist, und die Schüsseln appetitlich auf dem Tisch stehen und sie vergnügt zugreifen könnte, ist ihr Magen plötzlich wie zugeschnürt. Am liebsten hätte sie gar nichts gegessen. Aber dann nimmt sie höflich ein Kartöffelchen, klatscht einen winzigen Klecks Grüne Soße daneben.

»Hast du keinen Hunger?« fragt er enttäuscht.

»Ich kann ja nachnehmen.«

Während sie lustlos pickt, greift er tüchtig zu.

Mitten im Plaudern und Essen und Trinken läßt er auf einmal die Gabel fallen und legt sich die Hand auf den Bauch.

»Was ist?«

»Ich glaube, ich vertrage den Quark nicht. Ich esse sonst kaum Milchprodukte, weißt du.«

»Hast du Schmerzen?«

»Hörst du das Grummeln?«

Sie lauscht. In der Tat: Aus seinem Magen dringen grollende Geräusche.

»Nein, keine Schmerzen«, kann er gerade noch sagen. Dann stürzt er ins Bad.

Schiß in der Hose, denkt sie heiter. Er bleibt lange. Dann hört sie die Dusche rauschen. Während sie am Tisch sitzt und auf ihn wartet, stellt sie plötzlich fest, daß ihr eigenes Magengrimmen verschwunden ist. Nicht nur das: Sie verspürt einen kräftigen Hunger, nimmt sich einen Nachschlag und ißt mit Appetit.

Als er bleich zurückkommt, ergreift sie schwesterlich seine Hand: »Ist es besser?«

»Tut mir leid.«

»Macht doch nichts«, sagt sie sorglos.

»Ich brauche frische Luft.«

Sie stellt das benutzte Geschirr ineinander. »Laß nur«, sagt er.

Dann laufen sie durch die Straßen. Unvermittelt wirft er ihr seinen Arm um die Schultern. Sie ist etwas ratlos, wie sie reagieren soll. Sie entschließt sich, ihm ihren Arm um die Hüfte zu legen. Sie schlendern wie ein Liebespaar. Dann wird ihm die Hand zu kalt, und er nimmt sie von ihrer Schulter, um sie in die Jackentasche zu stecken. Dieser abrupte Abstand zwischen ihnen gefällt Uta nicht. Entschlossen fährt sie mit ihrer Hand zu ihm in seine Tasche. Dankbar umschließt er ihre Finger, drückt sie, streichelt sie. »Laß uns noch was trinken gehen«, bittet er.

»So spät noch?«

»Was hältst du vom *Horizont*? Die Bedienung ist süß.« Sie zieht ihre Hand aus seiner Tasche. »Ich will lieber ins *Größenwahn*.« Er bestellt Cola und Salzstangen.

»Was macht dein Bauch?«

Er nickt kauend. »Besser.«

Sie neigt sich seinem Kopf entgegen: »Gib mir einen Kuß.«

»Ich habe den Mund voll.«

»Dann schluck runter.«

Gehorsam schluckt er. Gehorsam küßt er.

Sie schaut auf ihre Uhr. »Sie machen gleich zu. Ich hab meine Tasche bei dir liegengelassen. Da ist mein Geld drin.«

»Ich lade dich ein.«

Zu Hause legt er eine selbstbespielte Kassette in den Recorder, läßt sie raten, was es ist. Sie traut sich nicht, zu raten, will sich nicht blamieren. »Keith Jarrett«, sagt er, »gute Fick-Musik. Nur daß sie irgendwann abbricht. Das stört.«

»Wie geht es deinem Bauch?«

Sie stehen voreinander, seine Hände ruhen auf ihrem Hintern.

»Er hat sich beruhigt.«

Sein Schwanz regt sich gegen ihren Körper.

»Ich habe Angst«, sagt sie.

Er läßt ihren Hintern los. »Wovor?«

»Ich habe Angst, daß du den Kontakt zu mir abbrichst, und ich weiß nicht, warum.«

»Redest du von der Zukunft?«

»Ja.«

»Ach so.«

Seine Hände hängen schlaff die Hosennaht herunter. Sie streicht ihm über die dicht gekrauste Stirn.

»Jetzt weißt du, wovor ich Angst habe. Und du? Wovor hast du Angst?«

Er windet sich lachend: »Nein, das ist zu böse.«

»Sags.«

»Na gut. Wenn du drauf bestehst.« Er macht eine Kunstpause. Dann: »Ich habe Angst, daß du einen Exklusiv-Vertrag mit mir willst.«

»Wie bitte?«

Dabei hat sie gleich alles verstanden.

»Ich kann nicht treu sein. Mich nicht binden. Ich brauche die Freiheit, mit anderen Frauen ins Bett zu gehen.«

Sie hält ihr Gesicht an seinen Hals geschmiegt, jäh schießen ihr Tränen in die Augen, er merkt noch nichts. Plaudert weiter von seinen Frauen.

Da schluchzt sie los, es schüttelt ihren ganzen Körper. »Jetzt hast du mich erwischt«, schluchzt sie. »Jetzt hast du meine schwächste Stelle getroffen.« Sie schluchzt und schluchzt. Er hält sie wie ein Kind, streichelt ihr hilflos das Gesicht, sagt hastig: »Das ist allein mein Problem. Wein doch nicht so. Das hat überhaupt nichts mit dir zu tun.«

»Kennst du das nicht?« fragt sie unter Tränen, »daß die Frau, die du liebst, mit einem andern ins Bett geht?«

»Ich liebe keine Frau.«

»Irgendwann, früher. Als du mal eine geliebt hast. Und sie ist mit einem anderen ins Bett gegangen. Kennst du das nicht?«

»Doch schon. Ist aber lange her. Bestimmt schon fünf Jahre.«

»Und wie das schmerzt. Kennst du das nicht?«

»Doch. Aber heute würde mich das nicht mehr stören.« Sie weint sein Hemd naß. »Das glaube ich nicht.«

Er streichelt sie, küßt sie. Sie weint: »Jetzt bin ich verschreckt.«

Er versucht hilflos, sie zu beruhigen. »Was meinst du, wie mühsam das oft ist, eine Frau ins Bett zu kriegen.«

»Du kriegst doch jede Frau rum«, schnieft sie, »du bist sehr verführerisch.«

»Ist das wahr?«

Sie kann nicht aufhören zu weinen. Sie tränkt sein Hemd mit all ihrem Schmerz.

»Gehen wir schlafen?«

»Ich schlaf in deinem Arbeitszimmer auf der Couch«, schluchzt sie.

»Warum? Mein Bett ist bequemer.«

»Hast du einen Schlafanzug für mich?«

»Einen was?«

»Ich schlafe nur mit Schlafanzug oder Nachthemd.«

»Ist das dein Ernst?«

»Natürlich.«

»Ich habe noch so ein altes gestreiftes häßliches Ding«, scherzt er.

Sie streicht sich die Tränen aus dem Gesicht: »Ja, genau so was brauche ich.«

»Ich hab auch noch ein langes T-Shirt. Das sieht netter aus.«

»Ich will nichts Nettes. Gib mir den Schlafanzug.«

»Der ist seit Jahren eingemottet.« Er öffnet eine Truhe, zerrt den Anzug hervor und hält ihn ihr unter die Nase: »Riecht muffig.«

»Hast du eine Zahnbürste für mich?«

Er steigt auf einen Stuhl, entnimmt dem obersten Fach seines Küchenregals eine zellophanverpackte Zahnbürste. »Schau, sie ist noch ganz jungfräulich.«

Er holt ihr ein großes Handtuch aus der Kommode.

»Wenn du noch duschen willst: Laß den Duschvorhang bitte ins Becken hängen, damit es keine Überschwemmung gibt. Am besten, du machst ihn naß und klatschst ihn an den Beckenrand. Unter dem Spülbecken liegt eine Fußmatte. Die kannst du ausrollen, damit du keine kalten Füße kriegst.«

Sie schminkt sich ab. Müde sehe ich aus. Verheult sehe ich aus. Sie duscht, putzt sich die Zähne, kriecht in den Schlafanzug. Die Hose rutscht ihr gleich auf den Boden. So was Dummes. Sie rafft mit einer Hand das Taillengummi zusammen, mit der anderen Kleidung, Tasche, Zahnbürste, stößt die Türklinke mit dem Ellbogen herunter, huscht ins Schlafzimmer, schreit: »Wo ist das T-Shirt?«

Er hält es ihr durch den Türspalt hin.

Sie schlüpft unters Deckbett. Sie hört, wie er ins Bad geht, wie er wieder herauskommt. Nackt betritt er das Schlafzimmer. Nackt klettert er über sie, um den Platz an der Wand einzunehmen. Sie ist schockiert von dieser plötzlichen Nacktheit, von seinem festen blond bepelzten Körper.

»Du hast aber dünne Ärmchen«, ruft er aus. »Du mußt mehr essen.«

»Ich müßte Gewichte heben oder so was«, sagt sie.

»Stört dich das Licht?« fragt er.

»Ja.«

»Soll ich Kerzen holen?«

»Wenn es dir nicht lästig ist.«

»Ach was.«

Er klettert über sie hinweg, kommt wieder, steckt Kerzen an, löscht das Licht. »Behältst du deine Uhr an?«

»Normalerweise schon.«

»Du weißt ja, diese Batterien sind ungesund.«

Brav nimmt sie die Uhr ab. Dreht sich wieder zu ihm hin, genießt seinen kompakten festen Körper. Merkwürdig, sein Gesicht so brillenlos nah. So zärtlich. So kritisch.

»Du hast trockene Lippen«, sagt er. »Ich hole dir Wasser.«

»Oh ja«, sagt sie.

Er klettert über sie hinweg, holt eine Flasche Mineralwasser und ein Glas. »Willst du ein eigenes?«

»Muß nicht sein.«

Er gießt ihr ein, reicht ihr das Glas, kehrt zurück an seinen Schlafplatz.

»Komisch«, sagt er, »daß die Frauen nie an der Wand schlafen wollen. Die brauchen immer einen Fluchtweg.«

Uta stößt das Deckbett zurück, wirft die Beine über die Bettkante.

Er schnappt ihr Handgelenk. »Was ist los?«

»Ich gehe.«

»Mitten in der Nacht? Warum denn?«

»Ich will nicht mit all diesen Frauen in deinem Bett schlafen.«

»Du bist süß, wenn du wütend bist.«

»Ich bin nicht wütend. Ich bin traurig.«

Da sitzt sie auf der Kante, die Luft ist kalt, der Weg ist weit bis zu ihr nach Hause. Kurz entschlossen kuschelt sie sich wieder ins mollige Deckbett. Da packen sie zwei Hände und ziehen sie über die Besucherritze, über den Mittelstreifen, über die Gletscherspalte hinweg dicht an einen warmen Körper. Überrascht beginnt sie sich wohlzufühlen, sie schnurrt, sie schmiegt sich an diese atmende Brust, sie räkelt sich in dem kräftigen Griff der Schenkel.

Schon schlüpft er unversehens in sie hinein, stößt vor

und zurück, und ehe sie sich versieht, ist er mit einem
Seufzer gekommen und geschwind von ihr abgerollt. Er-
staunt liegt sie da und horcht auf seine gleichmäßigen
Atemzüge.
Sie ist gleißend wach. Leise zieht sie sich an und geht,
ohne eine Nachricht zu hinterlassen.

Wackelkontakt

Immer findet Melanie einen Anlaß, mich anzurufen. Und immer sind es triftige Gründe, denen ein moralischer Mensch sich nicht entziehen kann. Ich komme heim, erschöpft von New York, und finde als erstes ihren Anruf auf dem Anrufbeantworter. Sie zwitschert mir einen Gruß zu: »Willkommen zu Hause. Ich freue mich, daß du wieder da bist.« Leichtsinnig stelle ich den Anrufbeantworter aus, schon erwischt sie mich live.

»Was für eine Überraschung«, stoße ich gequält hervor, »gerade bin ich zur Tür hereingekommen.«

»Ich wollte dir nur schnell was Liebes sagen.«

Dein Gruß auf dem Anrufbeantworter reicht mir, möchte ich antworten, mehr Liebes kann ich im Moment nicht gebrauchen. Aber man will sich ja nicht wie ein alternder Macker aufführen und sich in der Damenwelt unbeliebt machen. Also sage ich freundlich: »Ich danke dir. Ich rufe dich nachher zurück«, und widme mich schuldbewußt meiner Post.

Wieder klingelt das Telefon. Wieder gehe ich arglos dran. Wieder ist sie es. »Ich möchte mich entschuldigen«, sagt sie, »ich möchte dir nicht lästig fallen. Ich möchte dir einfach nur sagen, ich habe dich vermißt.«

»Ist ja gut«, sage ich und versuche, mir meine Ungeduld nicht anmerken zu lassen. »Aber ich brauche jetzt Ruhe. Der lange Flug war anstrengend.«

»Ich versteh dich doch«, sagt sie hastig, »ich möchte dir nur sagen, daß ich dich verstehe.«

Sie versteht nicht, daß ich nicht verstanden werden will.

»Machs gut«, sage ich und lege auf. Das war abrupt. Das war grausam. Das war kränkend. Bei nächster Gelegenheit wird sie mir vorwerfen, daß ich nach zwei Wochen Abwesenheit nicht mal fünf Minuten für sie übrig habe. Und nicht ein einziges zärtliches Wort.

Ich stelle den Anrufbeantworter an und beginne auszupacken. Meine Hemden sind verknittert. Ich habe sie vom Hotelpersonal waschen, bügeln und falten lassen und dann wohl zu ungeduldig in den Koffer geworfen.

Ich stelle den Anrufbeantworter wieder ab. Es ist doch zu albern, mich vor Melanies Liebesattacken zu verkriechen. Als habe sie gerochen, daß ich nun wieder erreichbar bin, ist sie von neuem in der Leitung.

»Entschuldige, daß ich dich noch mal störe. Ich möchte dir nur sagen, Britta ist mit einem Blinddarmdurchbruch im Krankenhaus.« Natürlich wäre es jetzt barbarisch zu sagen: Hör mal, Melanie, das interessiert mich im Augenblick nicht. Blinddarm hin oder her.

Aber ich Rohling habe Britta nach sechs Jahren Beziehung verlassen, weil ich Rias Liebesdruck nicht mehr ertrug. Ich habe Brittas Leben zerstört. Und nun bricht ihr Blinddarm durch.

»Gib mir ihre Nummer«, sage ich widerstrebend.

»Sie wollte kein Telefon aufs Zimmer. Sie wollte allein sein mit ihrem Blinddarm.«

»Gut«, sage ich erleichtert, »ich melde mich bei ihr, wenn sie wieder zu Hause ist. Wann kommt sie raus?«

»Nächste Woche. Aber bitte besuche sie im Krankenhaus.«

»Ich denke, sie will nicht belästigt werden?«

Der Anruf weitet sich zu einem Gespräch aus, stelle ich verdrossen fest.

»Von dir schon«, sagt Melanie eifrig. »Aber sie hat Hemmungen, ihre Wünsche zu äußern. Genau wie du. Das ist ja auch der Grund, warum es mit euch nicht geklappt hat.«

Ich hüte mich, auf diese Bemerkung einzugehen. Im Moment kann ich keine ausufernden Diskussionen über meine neurotische Charakterstruktur ertragen. Um Melanie loszuwerden, komme ich ihr entgegen: »In welchem Krankenhaus liegt sie?«

Nun erklärt sie mir umständlich, wie ich mit dem Auto oder zu Fuß oder mit der S-Bahn das Krankenhaus finde, den Block, das Zimmer.

»Ich weiß nicht, ob es richtig ist, einfach unangemeldet bei ihr aufzutauchen«, knurre ich. Besser hätte ich den Mund gehalten. Melanie begreift meinen Zweifel, der an mich selbst gerichtet war, als Aufforderung, mir zuzureden. Detailreich schildert sie Brittas düsteren Seelenzustand, ihre Nervenkrisen nach einer weiteren Trennung – gottlob teile ich nun die Last meiner Schuld mit einem Kollegen – und schließlich das Desaster ihres durchbrochenen Darms. »Nur durch Zufall hat sie überlebt«, versichert Melanie.

»Ich muß jetzt an die Arbeit«, sage ich rasch, ehe sie Atem holt und ein neues Thema anschneidet.

»Wann sehen wir uns?«

»Ich habe noch keinen Überblick.«

»Sag bloß, du hast deinen Terminkalender in der kurzen Zeit schon wieder vollgestopft.«

Sie wird keß. Fühlt sich wohl zu sicher mit mir.

»Bis bald«, sage ich knapp und lege auf.

Ich hänge meine verknautschten Hemden in den Schrank, knülle die benutzte Wäsche in die Waschmaschine. Ich hätte mich freundlicher verabschieden sollen. Ach was. Soll sie mir doch eine Szene machen. Daß sie mich liebt und wie sehr sie leidet und wann wir uns endlich eine gemeinsame Wohnung suchen, und daß die Beziehung mit mir nichts Halbes und nichts Ganzes ist. Die Putzfrau hat vergessen, den Kühlschrank abzutauen. Dabei hatte ich ihr diese Aufgabe ausdrücklich ans Herz gelegt. Bestimmt ist Melanie schon auf dem Weg zu einer ihrer zahllosen Freundinnen, um sich über mich zu beschweren, über mich liebloses Monster, kontaktgestört, egoman, workaholic. Ich hebe den Hörer, wähle. Ja, sagt der Anrufbeantworter, Melanie sei unterwegs und im Moment nicht erreichbar.

»Bitte verzeih mir«, sage ich, »ich wollte dich nicht kränken«, sage ich, und nun in der Sicherheit des neutralen Tonbandes, das keine Forderungen stellt, keine Klagen formuliert, keine Wünsche äußert, außer dem einen, unbekümmert meine Nachrichten aufzusprechen, welcher Art sie auch immer seien, sage ich kühn: »Hast du am Wochenende Zeit? Ich könnte Samstagnachmittag oder Sonntagabend.«

Hoffentlich ruft sie nicht gleich zurück.

Da ist sie auch schon. »Ich war im Bad. Entschuldige, daß ich sofort zurückrufe. Aber so mußt du dir nicht beide Termine für mich offenhalten. Ich kann am Sonntag abend.«

»Wann? Wo?«

»Bei unserem Japaner? Acht Uhr?«

Endlich bin ich sie los. Aber nicht, daß ich nun meine Ruhe hätte. Als nächstes ruft Ria an.

Das fehlt mir gerade noch.

»Wie schön, daß ich jetzt zufällig erfahre, daß du bereits wieder da bist.«

Ich hatte den Tag meiner Rückkehr ihr und dem Anrufbeantworter absichtsvoll verschwiegen.

»Du hättest mir wenigstens ein Kärtchen schicken können. Das ist doch nicht zuviel verlangt.«

»Nicht mal meine alte Mutter hat ein Kärtchen bekommen.«

Ich hätte mir auf die Zunge beißen mögen. Was soll das, mich vor Ria zu rechtfertigen? Aber jedesmal schafft sie es mit einem einzigen Satz, mich zum Schuldigen zu stempeln.

»Du wirkst so distanziert.«

»Ich bin gerade angekommen«, sage ich grantig, »und möchte gerne meine Post durchsehen.«

»Deine Post ist dir wichtiger als ich.«

Fängt sie schon wieder an.

»Ja«, sage ich in einem plötzlichen Anfall von Müdigkeit, »meine Arbeit ist das Wichtigste. So bin ich nun mal.«

»Wann treffen wir uns?«

Nun spüre ich das panische Flehen in ihrer Stimme. Gutmütig greife ich zu meinem Terminkalender: »Diese Woche kann ich nur noch Samstag nachmittag.«

»Ach, du hast schon alles verplant?«

Schon merke ich, es war ein Fehler, ihr entgegenzukommen. »Kannst du Samstag nachmittag?«

»Ja.«

Das wäre erledigt. Seufzend trage ich meinen Kulturbeutel ins Bad, verstaue den Koffer auf der Ablage im Flur, begutachte meinen nässenden Ausschlag an den Ellbogen. Ria hat mir eine Behandlung mit Eigen-Urin empfohlen. So was Unappetitliches. Da klingelt das Telefon.

Meine Mutter. »Du bist also wieder da. Du hättest mich ruhig mal anrufen können.«

»Ich bin gerade erst zur Tür herein.«

»Da hast du sicher nichts zu essen im Haus.«

»Im Flugzeug gab es genug zu essen, Mama.«

»Was macht dein Ausschlag?«

»Er juckt.«

»Geh mal zu Doktor Baron.«

»Da war ich doch schon, Mama. Der verschreibt mir wieder nur Cortisonsalbe.«

»Aber die hilft.«

»Nur kurz. Dann geht es wieder los mit der Juckerei.«

»Ria sollte sich mehr um dich kümmern.«

»Wir sind doch getrennt, Mama.«

»Aber noch verheiratet.«

»Nicht mehr lange.«

»Was macht diese – wie heißt sie noch?«

»Melanie.«

»Was macht diese Melanie? Willst du sie heiraten?«

»Ich weiß es nicht, Mama.«

»Du brauchst eine Ehefrau, Junge. So geht das nicht weiter. Du bist bald fünfzig.«

»Ich fühle mich wohl ohne Ehefrau.«

»Du kommst doch am Wochenende?«

»Ich kann nicht.«

»Nie hast du Zeit für deine alte Mutter. Was machst du denn am Wochenende?«

»Ich bin mit Ria verabredet.«

»Ich denke, ihr seid getrennt?«

»Sie will nicht einsehen, daß wir getrennt sind.«

»Ich rede mit ihr.«

»Mama, bloß nicht. Das gibt nur Ärger.«

»Mein Rasen muß gemäht werden. Und die Lampe im Badezimmer hat einen Wackelkontakt. Du kannst wirklich nicht am Wochenende?«

»Ich schau mal, daß ich mir einen Tag freinehme.«

»Die Fahrt lohnt sich doch nicht für einen Tag. Ich koch dir was Schönes.«

»Ach Mama, das ist doch nicht nötig.«

»Du bist schmal geworden, seit du von Ria getrennt bist. Kann diese Melanie kochen?«

»Meistens koche ich.«

»Um Gottes willen. Junge, komm am Samstag vorbei, und wir machen es uns zusammen gemütlich.«

Meine Mutter ist achtundsiebzig Jahre alt. Sie hat keinen, der sich um sie sorgt. Meine beiden Schwestern nehmen sich nie Zeit für sie. Wer weiß, wie lange sie noch lebt.

Ich wähle Rias Nummer. Gott sei Dank hat sie den Anrufbeantworter angestellt.

»Ich muß unser Treffen absagen, Ria. Es tut mir leid. Meine Mutter ist krank. Ich muß mich kümmern.«

Ich rufe Melanie an und sage ihr denselben Spruch aufs Band. Dann schalte ich endgültig den Anrufbeantworter ein.

Ich schlüpfe aus den Schuhen, werfe die Füße über die Armlehne meines Ledersofas, stopfe mir das Samtkissen meiner Mutter unter den Nacken und gehe die Post durch.

Das Telefon klingelt. Ich höre, wie der Anrufbeantworter knackend anspringt. Ria ist schneller als Melanie. Hinterhältig schlägt sie mir vor, mich zu meiner Mutter zu begleiten. Gleich darauf klickt der Anrufbeantworter von neuem. Mit enttäuschter Stimme läßt Melanie meine Mutter grüßen, wünscht ihr gute Genesung. Sie ruft noch mal an und erinnert mich an meinen Besuch bei Britta.

Und wieder klingelt das Telefon. Diesmal ist es meine Mutter. »Ich weiß doch, daß du da bist, Junge«, sagt sie verschwörerisch aufs Band.

Ich hebe ab.

Das Rätsel Frau

Ricarda hatte sich alles so schön vorgestellt. Sie würde zu Hause als Malerin arbeiten, sich nebenbei um die Kinder kümmern, während Rüdiger, ihr Mann, draußen bei der Stadtverwaltung das Geld für seine Familie verdiente. Auch Rüdiger schien diese Art Zukunft wohlwollend ins Auge zu fassen. Trotzdem hätte man vielleicht nicht gleich zusammenziehen und unbekümmert auf Verhütung verzichten sollen.

Als Ricarda prompt schwanger wurde, war sie auf einmal nicht mehr so sicher, ob ein Kind die richtige Entscheidung war. Sie fühlte sich plötzlich auf eine Art an Rüdiger gekettet, die nichts mehr mit Liebe zu tun hatte. Es wird sich alles einpendeln, tröstete sie sich und stürzte sich mit Entschlossenheit in ihre Aufgaben als Malerin und Mutter.

Sie hatte schon vor ihrer Ehe eine Reihe kleiner Verkaufserfolge vorzuweisen gehabt und träumte von Ausstellungen in New York und Paris. Rüdiger kann stolz auf mich sein, hatte sie immer gedacht. Ich bin mehr als ein schlichtes Hausmütterchen. Ich habe studiert, wie das in seiner Familie üblich ist, und er kann mit mir gebildete Gespräche führen.

Das Leben mit einem plärrenden Kleinkind, das kaum eine Nacht durchschlief, war nicht so einfach. Rüdiger zog aus dem gemeinsamen Schlafzimmer aus und richtete sich ein Bett im Wohnzimmer, weil er nach durchwachter Nacht unfähig war, seiner Arbeit ordentlich nachzugehen.

Erst nachdem Ricarda ihren künstlerischen Ehrgeiz ein wenig zurückgestellt hatte und sich auf ihre Mutterpflichten konzentrierte, beruhigte sich der Junge, und Rüdiger zog zurück ins eheliche Bett.

Mittags, wenn der kleine Tim schlief, nutzte Ricarda die kurze Zeit, um sich an die Staffelei zu stellen. Da muß ich durch, dachte sie, die immer eine Optimistin gewesen war. Wenn er erst in den Kinderhort geht, habe ich wieder mehr Zeit für mich. Aber sie mußte sich eingestehen, daß sie den mütterlichen Arbeitsaufwand unterschätzt hatte.

»Ich kümmere mich darum, daß meine Familie gut versorgt ist, während meine Frau ihre Aufgaben vernachlässigt«, grollte Rüdiger, wenn er am Abend im Wohnzimmer über Kreisel-Teddys, bunte Rasseln oder Feuerwehrautos mit Ausziehleiter stolperte, wenn auf dem Tisch noch ihre Tasse vom Nachmittagskaffee stand und ein verklebtes Tellerchen von Tim statt der Abendmahlzeit für den Ehemann.

»Tut mir leid«, gab sie dann kleinlaut zu. Er hatte einen anstrengenden Arbeitstag hinter sich. Da konnte er doch wohl verlangen, daß seine Frau es ihm zu Hause behaglich machte. Gottlob pflegte er sich selten in der Küche aufzuhalten, so servierte sie ihm schnelle Fertiggerichte, Lasagne mit Spinat oder vietnamesische Gemüsepfanne. Heimlich vernichtete sie die Kartons, und er merkte nichts.

Anfangs hatte sie ihn noch in ihr Leben einbeziehen wollen, hatte von Tim erzählt, von Drolligkeiten und Ärgernissen und von ihren Erfolgen und Mißerfolgen beim Verkauf ihrer Bilder, hatte ihm erklärt, wen sie angerufen, wem sie geschrieben habe, und daß sie einen Galeristen kennengelernt habe, der eventuell eine größere Ausstellung mit ihr plante.

»Du kümmerst dich um tausenderlei Dinge, statt dich aufs Wesentliche zu konzentrieren!« warf er ihr heftig vor.

Da hörte sie auf, ihm von sich zu erzählen. Sie verstand ihn durchaus. Er war ein akkurater Mensch, der einen geregelten Alltag brauchte, um sich wohlzufühlen. Das Chaos, das er täglich zu Hause vorfand, war gegen seine Natur. So holte sich Ricarda, damit er sich nicht weiterhin aufregte, zweimal die Woche eine Putzhilfe, die sie von ihrem selbstverdienten Geld bezahlte. Sie hielt es für besser, ihm nichts davon zu sagen. Denn beunruhigend war die Zunahme seiner Wutausbrüche. Er konnte den ganzen Abend still dasitzen, eine Fachzeitschrift vor dem Gesicht, dann tat oder sagte Ricarda irgend etwas Unbedachtes, fragte ihn vielleicht nach seinem Befinden, und schon brach es los. So begann sie – wenn er zu Hause war – vorsichtig, wie auf Zehenspitzen durchs Leben zu gehen, um nicht unvermittelt eine Tretmine anzurühren. Ja, sie wohnte auf vermintem Gelände.

Der Galerist, den sie kennengelernt hatte, begeisterte sich für ihren unbekümmerten Strich und ihre differenzierte Farbgebung und prophezeite ihr eine erfolgreiche Zukunft. Ein geheimnisvoll melancholisches Frauenportrait hatte es ihm vor allem angetan. Überschwenglich verglich er sie mit Frida Kahlo, nur sei Ricarda viel lebenszugewandter, das habe heutzutage eine größere Chance auf dem Markt. Er schlug ihr vor, sie solle ihm weitere Portraits dieser Art anfertigen, vielleicht in verschiedenen Farbgebungen, auch Picasso habe seine rosa und blaue Periode gehabt, da müsse man sich nicht schämen. Aus marktstrategischen Gründen würde er ihr allerdings eine kleine Ergänzung des Werkes ans Herz legen: Sie solle die dunklen Brauen über der Nasenwurzel der Dame zusammenziehen, damit die Anlehnung an Frida Kahlo auch für die ganz Unbedarften deutlich sei.

Das alles war vom Geschäftlichen aus gesehen natürlich klug gedacht. Aber Ricarda geriet in einen Strudel von Unsicherheit. Das Geldverdienen war ihr wichtig. Sie wollte auf keinen Fall auf Rüdigers Kosten ein kreatives Luxusdasein führen. Ihren Stilleben mit Kreisel-Teddys, Rasseln und Feuerwehrautos gab der Galerist weniger Chancen auf dem Markt. Selbst eine Kombination von beiden Themen erschien ihm fragwürdig.
Sollte sie sich wirklich entschließen, serienweise Frauen-

portraits mit zusammengewachsenen Augenbrauen an-
zufertigen?

So hatte sie sich ihr Malerinnendasein nicht vorgestellt.
In ihrer Not bat sie Rüdiger, der ja nun mal ihr Ehemann
war, um Rat. Während sie voller Leidenschaft von ihrem
Gespräch mit dem Galeristen erzählte, hatte sie den selt-
samen Eindruck, als sinke Rüdiger in sich zusammen. Er
war ohnehin nicht der größte, einssiebzig, mit feinem
dünnen Haar, das ihn, wie Ricarda fand, immer ein wenig
nach Musterschüler aussehen ließ, vor allem, wenn er es
sorgfältig scheitelte.
Griesgrämig meinte er: »Was für ein Quatsch. Du bist
doch keine Frida Kahlo.« Und er fuhr fort, ohne ihre Antwort abzuwarten: »Abgesehen davon wird Frida Kahlo
weit überschätzt. Sie ist ein längst veraltetes feministi-
sches Idol, ohne jede innovative Kraft.«
Er ließ ihr keine Zeit, etwas einzuwenden, und erklärte
ihr langatmig, daß alles, was er bisher von ihr, Ricarda,
gesehen habe, kunstgewerblicher Dilletantismus sei. Ohnehin seien Frauen unfähig, große Werke herzustellen.
»Es wird nie einen weiblichen Picasso geben.«
»Dann laß mir doch meine kleinen Werke«, sagte sie unwillig, »und misch dich nicht weiter ein.« Aber er hörte
nicht auf, ihr detailliert nachzuweisen, wie mißlungen
ihre Bilder seien, vor allem das vom Galeristen gelobte
Frauenportrait, das ihn an die kitschigen Kaufhauszigeu-
nerinnen erinnerte.
»Dann schaff doch du die genialen Werke«, sagte sie un-
gewohnt scharf, »du bist der Mann.«
Er sah aus, als wollte er sie schlagen. Er weiß genau, daß
ich größer und kräftiger bin als er, dachte sie, darum hält
er sich zurück. Schade, daß er so neidisch ist. Sein Vater
ist schuld. Er ließ ihn nicht Maler werden, so wie er es
sich gewünscht hatte. Statt den talentierten Sohn zu för-
dern, hielt er ihm immer die Genies vor die Nase. »Du
wirst nie ein Picasso!« war seine stete Rede. Nun redet er
selbst genauso wie der Vater.

»Ich habe mich längst entschieden, nur noch Stilleben zu malen«, sagte sie zu Rüdiger, »wer weiß, ob die sich nicht genauso gut wie die Portraits verkaufen.«

»Und wenn«, sagte er höhnisch, »dann nur, weil sie neutral genug sind, daß man sie übers Sofa hängen kann. Der moderne röhrende Hirsch!« und er kicherte wie über einen außerordentlich gelungenen Witz.

Dann kamen seine Eltern zu Besuch, und beide äußerten sich überaus wohlwollend über Ricardas talentierte Malereien.

Von diesem Tag an wurde Rüdiger, der ohnehin nicht allzu gesprächig war, immer schweigsamer. Wenn er abends nach Hause kam, stocherte er stumm im Tiefkühlessen, das sie wie üblich in fliegender Eile zubereitet hatte. Meist stellte er als erstes den Fernseher an, vor dem er dann den Abend zubrachte, keiner Bitte zugänglich. Selbst wenn Ricarda ernst sagte: »Rüdiger, lies ein Buch, tu irgend etwas Sinnvolles, sei doch wenigstens ein Beispiel für unseren Sohn«, blieb er sitzen, als habe er ihre Worte nicht gehört. Da sie ihren Mann nicht vor dem Kleinen anschreien mochte, so wie er es unbekümmert tat, und da die lärmende, streitsüchtige Auseinandersetzung ohnehin nicht ihre Art war, nahm sie Tim mit hoch in ihr Atelier unterm Dach und ließ ihn, während sie arbeitete, auf dem Linoleumboden mit Fingerfarben schmieren bis er müde war. Wenn sie den Kleinen endlich ins Bett gebracht hatte und hinunter ins Wohnzimmer ging, saß da noch immer ihr Ehemann und starrte auf den Bildschirm. Manchmal zappte er den ganzen Abend lustlos hin und her, als wisse er selber nicht, was er suchte.

Da Ricarda eine robuste und tolerante Person war, bemühte sie sich, ihn mit Humor zu nehmen. Doch das machte ihn noch galliger. »Du bist immer so gut gelaunt!« beschwerte er sich, »andere Frauen weinen ab und zu. Andere Frauen sind auch mal unsicher oder ängstlich. Du hast ein Gemüt wie ein Walroß.«

Er hatte recht. Sie hatte das letzte Mal mit sieben Jahren

geweint und dann trotzig beschlossen, sich ihrem gewalt-
tätigen Vater nie wieder zu offenbaren. Natürlich fühlt
Rüdiger sich klein neben mir, dachte sie. Trotz seiner
brennenden Sehnsucht, kreativ zu sein, ist er nicht imstande, einen Pinsel in die Hand zu nehmen. Er behindert
sich selbst mit seinen Ansprüchen und Selbstzweifeln. Ich
dagegen, unberührt von seiner Kritik, male frech fröhlich drauflos und ernte auch noch überschwengliches
Lob.
Sie begann zu grübeln, wie sie ihre Ehe, die sie mit so viel
Euphorie begonnen hatte, wieder in Schwung bringen
könnte. Oft saß sie oben im Atelier und betrachtete minu-
tenlang nachdenklich die Leinwand. Sie versuchte sich zu
erinnern, was ihr so an Rüdiger gefallen hatte, daß sie ihn
gleich heiraten und ein Kind mit ihm haben mußte. Sein
sanftmütiger Charakter, dachte sie. Ich fühlte mich verstanden. Anfangs hatte sie sogar richtig gern mit ihm geschlafen.
Inzwischen vermied sie den Sex soweit es ging. Beunruhigend war, daß Rüdiger, der jeden Abend wehleidig vor
dem Fernseher hing, im Bett plötzlich aufzuleben schien.
Er entlud sich dann mit einer Wucht, die sie ängstigte,
denn diese Heftigkeit stand in keinem Verhältnis zu seiner
sonstigen selbstquälerischen Trägheit. Und er wollte dauernd. Morgens vorm Aufstehen, abends nach dem Fernsehen, und Ricarda, die sich immer für eine sinnliche
Frau gehalten hatte, fragte sich verwirrt, warum sie auf
ihren eigenen Mann mit zunehmender Lustlosigkeit reagierte. Nein, er war keineswegs egoistisch auf seinen eigenen Genuß bedacht. Ihm lag viel daran, daß sie ebenfalls
zu ihrem Vergnügen kam. Höchstens kränkte ihn, daß sie
sich mit ein paar sicheren Handgriffen und ohne sein
Dazutun zum Höhepunkt aufzuschwingen pflegte. Oft
fühlte er sich regelrecht unnütz, überflüssig, entbehrlich.
»Du weißt doch«, beschwichtigte sie ihn immer wieder,
»ich habe es mir mein Leben lang auf diese Art gemacht.
Anders klappt es nicht.«
Aber er war der Ansicht, wenn sie ihn wirklich liebte,

dann würde auch der Sex richtig funktionieren. Als er anfing, ihr nach jedem Akt Vorhaltungen zu machen, bemühte sie sich, Orgasmen nach seinen Vorstellungen zu simulieren, damit er endlich Ruhe gab. Aber er hatte gleich den Verdacht, daß sie Theater spielte, und so gab sie ihre Anstrengungen erleichtert wieder auf.

Es näherte sich der Tag ihrer Ausstellungseröffnung. Der Galerist war enttäuscht gewesen, daß sie seine Empfehlung, eine Serie von Portraits zu malen, nicht aufgegriffen hatte. Dennoch zeigte er sich nach wie vor bereit, diesen ersten Versuch mit ihr zu wagen. Es werden ein paar zahlungskräftige Kunden kommen, sagte er und betrachtete sie nachdenklich. Ich muß mir neue Kleidung kaufen, dachte sie schuldbewußt. Sie hatte immer wenig Wert auf Äußerlichkeiten gelegt und trug am liebsten Jeans und T-Shirt. Die Verpackung ist genauso wichtig wie der Inhalt, das wußte sie inzwischen.
Sie drehte sich vorm Spiegel, und zu ihrer Überraschung gefiel sie sich in ihrem hellen Kostüm.
»Schau mal«, sagte sie freudig, »seh ich nicht schön aus?«
Rüdiger kicherte in sich hinein, prustete dann plötzlich los und lachte schließlich lauthals auf – so fröhlich hatte sie ihn in den fünf Jahren, die sie sich kannten, noch nie erlebt.
»Was ist?« fragte sie ihn betreten.
»Du siehst aus wie eine Kartoffel im Mehlsack.«
Sie schaute in den Spiegel. War sie wirklich dick geworden? War der Rock zu eng? Zu kurz?
Die Vernissage war ihr ein wenig vergällt. Ständig war sie mit halbem Auge bei Rüdiger, ob er sich auch wohlfühlte. Zunächst sah sie ihn mürrisch und allein in einer Ecke stehen, später plauderte er zu ihrer Erleichterung angeregt mit dem Galeristen.
Auf dem Nachhauseweg sagte er: »Du hast wohl überhaupt keine Selbstzweifel. Andere Leute brauchen ein halbes Leben, um bekannt zu werden. Und du glaubst, du schaffst es in drei Monaten.«

»Ich will mit meiner Arbeit Geld verdienen«, sagte sie freundlich, »dazu muß ich bekannt werden.«

Am nächsten Nachmittag, als sie den Tüteneintopf mit frischem Gemüse angereichert hatte und den Holzlöffel nahm, um zu rühren, hatte sie plötzlich das Gefühl, der Eintopf sei wie eine zähe Masse und ihr fehle die Kraft, den Löffel hindurchzuziehen. Minuten später war dieses Gefühl vergangen, und sie vergaß es. Kurze Zeit darauf machten sich Schmerzen im rechten Handgelenk bemerkbar, die allmählich zunahmen, bis ihr der Pinsel beim Malen aus der Hand fiel.

Jetzt war sie doch irritiert und suchte einen Neurologen auf. Der fand keine Auffälligkeit, vermutete aber, daß es sich um den Beginn einer Sehnenscheidenentzündung handelte. Als er hörte, sie sei Malerin, sagte er: »Sie arbeiten zu ehrgeizig. Stellen Sie den Arm ruhig.«

»Wie lange?« fragte sie erschrocken. Er empfahl sechs Wochen und ließ ihr einen Gipsverband machen, der die obersten Fingerglieder frei ließ. Natürlich brachte sie es nicht fertig, die Hand gänzlich untätig zu lassen. Der Junge mußte angezogen, gewaschen und gewickelt werden – es war beunruhigend, daß er immer noch in die Hose schiß. Leider war Rüdiger keine Hilfe. Er ekelte sich vor den kindlichen Ausscheidungen derart, daß ihm jedes Mal, wenn er sich näher damit befaßte, übel wurde.

Ricarda lernte, beim Kochen vorwiegend die linke Hand zu benutzen, und beschränkte sich auf Speisen, die ihr beim Rühren keinen Widerstand leisteten. Wir könnten mal essen gehen, dachte sie unmutig. Rüdiger verdient doch genug. Aber sie hatte Hemmungen, ihn darauf anzusprechen, jetzt, wo sie nur noch mit halber Kraft die Hausarbeit erledigte und sich nicht mehr am gemeinsamen Lebensunterhalt beteiligte.

Eigenartig war, daß Rüdiger auflebte. Ihre Behinderung schien ihm gut zu tun.

Aber ich kann doch nicht dauernd Sehnenscheidenentzündung kriegen, nur damit er liebevoll mit mir umgeht, dachte sie.

Eines Tages erwischte sie ihn, wie er verträumt vor ihrer Staffelei stand.

»Na, kriegst du Lust zu malen?« scherzte sie und war überrascht, daß er tatsächlich einen Holzrahmen, den sie bereits mit einem Tuch bespannt hatte, auf die Staffelei stellte, ein paar Farbtuben auf der Palette ausdrückte und wild draufloszupinseln begann.

Am nächsten Tag, als er von der Arbeit kam, war sein erster Gang ins Atelier. Bis tief in die Nacht legte er den Pinsel nicht mehr aus der Hand. So ging es die ganze Woche und die Woche darauf. Er kam von der Arbeit, aß zwei Bissen und stürmte hinauf in ihr Atelier, um sich vor die Leinwand zu stellen und wie besessen zu malen.

Ricarda sorgte dafür, daß Tim den Vater nicht bei der Arbeit störte. Glücklich hoffte sie, daß Rüdiger für sein neues Hobby auf den Fernseher verzichten würde.

Lächelnd nahm sie zur Kenntnis, daß er sich an ihren Bildern orientierte. Seine Frauenportraits waren wie ungeschickte Kopien ihrer eigenen Gemälde. Das muß ich jetzt aushalten, dachte sie nachsichtig. Jeder Meister erlebt, daß ihn die Schüler nachahmen.

Sie lobte Rüdiger für sein Talent, für seine Fortschritte, und er schaute dankbar zu ihr auf.

Ein paar Wochen später erzählte er ihr, damals bei ihrer Vernissage habe ihr Galerist ihn inständig gebeten, Einfluß auf sie zu nehmen. Ihr Frauenportrait habe soviel Resonanz bei der Kundschaft gefunden, daß sie unbedingt weitere Portraits dieser Art herstellen sollte.

Ricarda hob abwehrend die vergipste Hand.

»Was hältst du davon«, sagte er eifrig, »wenn ich ihm dafür meine Portraits anbiete? Dann nutzen wir den Markt, befriedigen die Nachfrage. Du weißt ja selbst, wie schnell andere Künstler vielversprechende Ideen aufgreifen. So bleibt der Erfolg wenigstens in der Familie.«

Das klang einleuchtend. Trotzdem war sie merkwürdig vergrätzt und sagte spitz: »Darauf wird sich mein Galerist nicht einlassen.«

»Du bist konkurrent«, beschwerte er sich, »du gönnst mir keinen Erfolg. Es ist doch nicht meine Schuld, daß du nicht mehr arbeiten kannst.«

Er hatte recht. Warum sollte er nicht das Tor, das sie geöffnet, aber nicht durchschritten hatte, nun für sich nutzen? Ein Verkaufserfolg würde der ganzen Familie zugute kommen. Wenn er überhaupt erfolgreich sein würde, was sie milde bezweifelte. Sicher, er war talentiert, aber es fehlte ihm an technischer Erfahrung und an Originalität. Das wird auch mein Galerist feststellen, dachte sie getröstet. Die Nähe zu meiner Arbeit wird ihn stören. Er ist zu seriös, um sich auf eine windige Geschichte einzulassen.

»Ich habe schon mit dem Galeristen gesprochen«, platzte Rüdiger übermütig heraus, »er ist äußerst interessiert und hat meine fertigen Bilder bereits in Kommission genommen.«

»Du hättest vorher mit mir sprechen sollen«, sagte Ricarda verstimmt.

Ein paar Tage später kam Rüdiger strahlend nach Hause. Er habe ein erstes Bild verkauft.

Es geht ihm gut, dachte Ricarda und versuchte, sich mit ihm zu freuen. Er hat diesen Erfolg gebraucht. Er ist liebevoll und freundlich zu mir. Was will ich mehr.

Und sie begann zu träumen, daß sie beide im Atelier standen, jeder vor seiner Staffelei, und glücklich ihre Bilder malten. Eine ideale Beziehung, dachte sie.

Leider verschlimmerte sich der Zustand ihres Gelenkes, so daß von Weiterarbeit nicht die Rede sein konnte. Ihre Hand kam einfach nicht zur Ruhe mit all der Hausarbeit. Die Putzfrau hatte sie entlassen müssen, weil sie sie nicht mehr bezahlen konnte.

Rüdiger produzierte und produzierte, und sie mußte zugeben, seine technischen Fertigkeiten verfeinerten sich immer mehr. Zwar ähnelten die Portraits nach wie vor ihren eigenen, aber gerade das schien ja den Wünschen des Galeristen entgegenzukommen. Freudig erzählte Rüdiger von der Ausstellung, die der Galerist mit ihm plante, es seien ein paar betuchte Kunstfreunde geladen, auch vom Geschäftlichen her werde es sicherlich ein voller Erfolg.

Ricarda sagte nichts. Sie verspürte nur eine eigenartige Müdigkeit. Am liebsten hätte sie gesagt: »Geh allein.« Aber das konnte sie ihm nicht antun. Er freute sich wie ein Kind. Endlich hatte er seine Aufgabe gefunden! Endlich war er ausgeglichen und guter Dinge. Wenn sie zu Hause blieb, würde sie ihm die Stimmung verderben. Das wäre unfair und unsouverän, dachte sie.

Also besorgte sie einen Babysitter, zwängte sich in ihr weißes Kostüm und machte sich gemeinsam mit Rüdiger auf den Weg.

Der Galerist begrüßte sie höchst zuvorkommend, schaute dann bedauernd auf ihre noch immer vergipste Hand und sagte: »Ich hatte ja gar nichts von dem künstlerischen Werdegang Ihres Mannes gewußt. Was für ein Glück für uns alle, daß er quasi für Sie einspringen konnte!«

Und da hingen sie: eine Reihe von geheimnisvollen Frauenportraits, die einen in dunkelglühenden Farben, andere eher pastellen zart. Alle waren sie mit R. signiert, der Initiale seines Vornamens, und mit ihrem gemeinsamen Nachnamen. Seine und ihre Signatur waren sich so ähnlich, daß sogar Ricarda sie kaum voneinander unterscheiden konnte.

Ein Journalist stürzte auf Rüdiger zu, und Ricarda vernahm mit Erstaunen, wie Rüdiger eine Ausbildung als Maler zum besten gab, Ausstellungen in Madrid und Neapel behauptete und ausführlich schilderte, wie er seit Jahren mit seinem Lebensthema ringe, »das Rätsel Frau«, das beinahe alle großen Maler umgetrieben habe, von Leonardo da Vinci bis hin zu Picasso.

Ein Fotograf fragte unterwürfig, ob er ein paar Fotos machen dürfe, und Rüdiger stellte sich lässig vor eines seiner Werke. Und wie Ricarda so zuhörte und zuschaute, überkam sie plötzlich ein merkwürdiger Stolz. Dieser begabte Mensch ist mein Mann, dachte sie freudig, sein Glück ist mein Glück. Ich habe ihn aus seinen Depressionen geret-

tet. Und ihr war, als sei plötzlich alles Schiefe ins Lot gekommen. Als sei eine uralte, bewährte Ordnung wieder
hergestellt.

Sie wisse auch nicht, sagte Ricarda später vor Gericht, was
in sie gefahren sei. Denn ihre zunächst ein wenig schwierige Ehe habe sich in den letzten Monaten wunderbar
entspannt. Es habe keinen Grund gegeben, mitten auf der
Vernissage über Rüdiger herzufallen und ihn mit ihrer
gipsenen Hand zusammenzuschlagen.

Die andalusische Hündin

Ich wollte allein sein.

Warum ich mir ausgerechnet den Urlaubsort aussuchte, an dem ich im Jahr zuvor mit Ute sechs schwierige Wochen verbracht hatte, weiß ich nicht. Ich nehme an, es war einfach Bequemlichkeit. Ute besitzt einen Instinkt für idyllische, nicht überlaufene Orte, ich hatte sie immer unsere Urlaubsziele aussuchen lassen. Warum sollte ich mich jetzt krampfhaft um etwas anderes bemühen, das vielleicht teuer und häßlich war.

Erst als ich aus dem Bus stieg, begriff ich: Es war ein Fehler gewesen. Ich war hergekommen, um abzuschalten, und nun erinnerte mich allzuviel an Ute und unsere Auseinandersetzungen. Sie war im Urlaub grundsätzlich unzufrieden. Vielleicht hatte ich ihren Hang zur Nörgelei auch nur so deutlich gemerkt, weil sie hier Tag und Nacht um mich war. Es war immer das gleiche Spiel. Ich wollte allein spazierengehen, sie wollte mit mir zusammen in der Sonne liegen. Oder mit mir mitkommen, »ich störe dich nicht«, sagte sie, »ich rede kein Wort, ich will nur in deiner Nähe sein, weiter nichts, das ist doch nichts Schlimmes, oder?«

Natürlich war das nichts Schlimmes, aber ich ertrug ihre ständige Nähe nicht. Mag sein, daß in meiner Kindheit irgend etwas schiefgelaufen ist, wie Ute behauptet. Ich bin halt ein Eigenbrötler, und wenn sie irgend etwas vermißt bei mir, das sie Liebe nennt, dafür kann ich nichts. Es zwingt sie niemand, mit mir zusammenzusein. Manchmal frage ich mich, warum sie noch immer bei mir aushält, wenn ich ihr doch nicht gebe, was sie braucht. Vielleicht will sie leiden, so was gibt es ja.

Als wir zusammenziehen wollten, schleppte sie mich von

Einrichtungshaus zu Einrichtungshaus, mit einem Eifer, den ich kaum ertrug. Ein Teil der Möbel war bereits bestellt, da kriegte ich mitten im Möbelladen, wo wir uns Schlafzimmer anschauten, einen Anfall.

Ich stürzte aus dem Laden, behauptete, mir sei schlecht, und gestand Ute meinen Widerwillen gegen einen gemeinsamen Haushalt. So machten wir den Möbelkauf rückgängig. Die Wohnungskaution wurde uns leider nur zur Hälfte erstattet. Natürlich hatte ich heftige Schuldgefühle Ute gegenüber. Ich glaubte, ihre Enttäuschung und ihre Vorwürfe nicht aushalten zu können. In drei Wochen wird sie sich gefangen haben, dachte ich, erzählte ihr irgend etwas von Arbeitsüberlastung und Ausspannen-müssen und buchte Hals über Kopf diesen Flug nach Malaga. Von dort zockelte ich mit dem Überlandbus in den kleinen Küstenort. Ich mietete das Zweizimmerhäuschen, in dem ich mit Ute gewohnt hatte, vielleicht unklug von mir oder gar eine Geschmacklosigkeit, aber ich war zu faul, etwas anderes zu suchen, zumal das Häuschen direkt am Meer lag, morgens konnte ich die Fischer beim Hinausfahren beobachten. Die Tage waren einfach und übersichtlich. Ich hatte mir ein paar Romane mitgenommen, aber die meiste Zeit saß ich auf meiner Terrasse und döste aufs Meer und in den Himmel und versuchte, nichts zu denken. Wenn mich der Hunger packte, besuchte ich eine der zahllosen Kneipen und ließ mir eine Portion fettgebackener Sardinen servieren. Zweimal täglich ging ich baden, der Atlantik warf sich mit Macht auf den breiten Sandstrand, ich hielt mich vorsichtig im Flachen und tauchte durch die heranrollenden Wellen.

Den Strand bevölkerten vor allem spanische Familien. Die großen Reiseveranstalter hatten den Ort noch nicht entdeckt, ich war einer der wenigen Ausländer.

Gleich am ersten Tag, als ich ankam und mein Gepäck abgeladen hatte, lief ich hinaus, lief durch den nassen Sand, das Wasser schwappte kalt um meine Knöchel, die Sonne stand über mir, heiß und zuverlässig.

Wer hier lebt, dachte ich, hat ein ruhiges Gefühl seiner

selbst, der braucht keine Geborgenheit mit Frau und Kind.

Ich blieb stehen und schaute zurück in meine Fußstapfen, wie das Meer sie gurgelnd füllte. Da stand plötzlich eine Hündin mit langen Zitzen, das Fell struppig vom Sand, und schnupperte in meiner Spur.

Ich hob einen Stein auf, um ihn wie als Junge über das Wasser springen zu lassen. Mit fliegenden Ohren jagte die Hündin ihm nach. Vor der ersten Welle stutzte sie, planschte zurück und schüttelte ihr nasses Fell, daß ich flüchtete. Sie lief mir nach, umkreiste mich, lief voraus. Ich machte kehrt, um sie loszuwerden. Sofort war sie wieder neben mir. Erst als ich zurück in mein Haus ging, trollte sie sich.

Abends bummelte ich durch den Ort, Musik lärmte aus den geöffneten Türen, ich landete in einer Bar, trank Rioja und betrachtete die Spanierinnen, die vorbeiflanierten, auf eine adrette Art aufreizend gekleidet, in flammendes Grün und Gelb mit enger Taille und stolzen Absätzen, ungebrochen weiblich. Heiratsmarkt. Hier hatte es niemals eine Frauenbewegung gegeben.

Ute ist dunkel, sie könnte für eine Spanierin durchgehen, aber an ihren gesunden Sandalen erkennt man sofort die aufgeklärte Touristin.

Hier ging es nicht um Selbstverwirklichung, sondern ums Überleben. Wer hier allein bleibt, dachte ich, wer hier ohne Familie bleibt, der ist grausam bestraft, den tröstet auch keine Sonne und kein Meer.

Ich ließ mir Münzen wechseln und rief Ute an. Ich ließ es lange klingeln. Sie schien nicht zu Hause zu sein.

Unsere Lieblingskneipe vom letzten Jahr suchte ich erst nach einer Woche auf, die Fischerbar *Jimenez*: ein Strohdach, auf vier Pfählen in den Sand gestellt. Ute, die hervorragend singt und Gitarre spielt, hatte die Spanier mit lateinamerikanischen Liedern begeistert. Francisco, der Wirt, erkannte mich sofort: »Hola!« und lud mich zum Essen ein. Wo denn meine Frau sei. In Alemania. Ute hatte damals die spanische Konversation geführt, sie war zwei Jahre lang Reiseleiterin auf Mallorca gewesen. Nun mußte ich ohne sie mit meinem Reiseführer-Spanisch zurechtkommen.

In der riesigen Pfanne brodelte es bereits, da kam einer der Männer und warf einen Fisch auf die Theke, der, kaum berührte er das Holz, sich zusammenzog und mit weit abgespreizten Kiemen hochsprang, niederfiel, sich krümmte, wieder hochsprang. Als er nach einer Weile matter wurde und sich endlich nicht mehr rührte, griff Francisco ihm in das trichterförmig geöffnete Maul, nahm eine Zeitung und wickelte ihn hinein. Von Zeit zu Zeit hörte ich das Papier rascheln und sah, wie er sich wild herumwarf, der Schwanz hatte sich befreit und schlug auf die Holzplatte.

Was für ein zähes Leben, dachte ich und verstand plötzlich die wilden Völker, bei denen es Brauch ist, vor der Jagd gewisse Tiere zu essen, um deren Kraft aufzunehmen.

Zum Fisch tranken wir Chiclana, einen Weißwein, schwer wie Sherry. Betrunken tappte ich hinunter zum Strand.

Das Meer war ruhig, wie eingeschlafen. Hier war ich im letzten Jahr mit Ute entlanggestolpert, nach einem ausgedehnten Umtrunk mit den Fischern. Ute, die kaum trinkt, beschwerte sich am Morgen: »Ich habe dich gehaßt diese Nacht, du warst mir fremd mit deinen plumpen Zärtlichkeiten.«

So direkt hatte sie mich nie angegriffen. Ich lag noch im Bett, sie stand vor mir, bereits eingekleidet in Jeansrock und Leinenhemd. Eine Mischung aus Pfadfinderin und Partisanin, dachte ich amüsiert, und plötzlich begehrte ich sie heftig. Sie war erstaunt, sie wehrte ab, soviel Feuer war sie nicht gewöhnt von mir. Aber dann blühte sie auf unter meinen Händen, als hätte sie all die Jahre auf diesen einen Moment gewartet. Ich erschrak, ihre Hingabe war unerträglich. Was hatte ich da in Bewegung gesetzt? Den ganzen Urlaub über peinigten mich ihre sehnsüchtigen Blicke.

Ich zog die Schuhe aus, krempelte die Hosenbeine hoch und watete dem Leuchtturm entgegen, der fern am Ende des Strandes blinkte – falls dort das Ende war. Über mir spannte sich ein funkelnder Himmel. In der Großstadt vergaß ich immer, daß es so viele Sterne gab. Sie waren auch nicht wichtig, oben zwischen den Häusern. Das Leben spielte sich in Augenhöhe ab, wo sich die Schaufenster anboten. Wir kennen Sterne nur noch vom Weihnachtspapier, dachte ich. Einmal hatte ich bei einem Stadtbummel mit Ute zufällig meinen Blick von den Schaufenstern, die uns wie ein glitzerndes Band begleiteten, gelöst und zu den Hausfassaden hinaufgeschaut. Ich war schockiert, denn ich hatte diesen Teil der Stadt nie wahrgenommen, ich hatte nichts gewußt von den prächtigen Stuckverzierungen, den Balkons und den Türmchen. Wie ein Hund, hatte ich damals gedacht, bleibe ich mit der Nase am Boden, dort, wo das unmittelbar Nahrhafte zu finden ist.

Ich kramte ein paar Münzen aus dem Portemonnaie und rief Ute an.

Niemand hob ab.

Vielleicht hat sie das Telefon leise gestellt, dachte ich, aber das macht sie eigentlich nie.

Ich wartete eine Weile und probierte noch einmal. Es klingelte endlos.

Auf dem Weg in mein Häuschen mußte ich gegen eine leichte Unruhe ankämpfen. Unsinn, dachte ich, da ist kein anderer Mann, Frauen wie Ute sind anhänglich bis zur Selbstaufgabe. Wie ich sie kenne, sitzt sie Abend für Abend neben dem Telefon, um meinen Anruf nicht zu verpassen. Heute wird sie ausnahmsweise bei einer Freundin sein.

Dies war mein letzter Versuch, beschloß ich. Sie wird sich grämen, wenn sie erfährt, daß ich vergeblich angerufen habe.

Als ich im Bett lag, begann eine Grille vorm Fenster zu zirpen, ich hatte nicht gewußt, daß eine einzelne Grille so laut sein kann, sie zirpte bis zur Schmerzgrenze. Erst als ich mit dem Fensterladen klapperte, brachte ich sie zum Schweigen.

Am nächsten Tag wollte ich schwimmen, aber die Wellen waren gefährlich hoch. Der Levante, ein heißer Kontinentalwind, fegte mir Sandböen ins Gesicht. Ich floh. Erst am Abend ließ der Levante nach, und ich wagte mich hinaus. Das Meer brüllte lauter als sonst um diese Zeit.

Es war Vollmond.

Die passende Kulisse für ein Drama, dachte ich. Da schlich ein Schatten neben mich, ich erschrak. Es war die Hündin, der ich am ersten Tag begegnet war. Ihre Nähe machte mich nervös. Ich wollte allein sein. Ich schnaubte sie an, und sie duckte sich. Als ich weiterging, lief sie mir nach. Ich hielt auf die Felsen zu, vielleicht wurde ich sie dort los. Als ich begann, die hochaufgetürmten Steinbrocken zu erklimmen, blieb das Tier unten stehen und sah zu mir auf. Ich suchte mir den höchsten Punkt, setzte mich auf meine Jacke und schaute hinunter, wo sich das Meer zusammenzog, gegen die Felsen klatschte, für Sekunden stillhielt, von Lichtgeflitter überstäubt – ausholte und wieder zuschlug.

Ich weiß nicht, wie lange ich dort oben saß, versunken in das Hin und Her des Meeres. Als ich hinunterstieg und barfuß durch den Sand zurückstapfte, löste sich ein Schatten vom Boden, die Hündin folgte mir. Sie begleitete mich bis zu meinem Haus und schaute mir zu, wie ich hineinging.

Als ich am frühen Morgen die Tür öffnete, um fürs Frühstück einzukaufen, schien sie die ganze Nacht auf mich gewartet zu haben. Sie sprang mich an mit einer Freude, auf die ich nicht gefaßt war, und leckte mir Arme und Gesicht. Fluchend scheuchte ich sie fort mit meiner Plastiktüte, sie nahm das als Spiel und sprang mir vor den Beinen herum, daß ich nicht vom Fleck kam. Ich hob einen Stein vom Boden auf und warf ihn, so weit ich konnte. Sie jagte ihm nach. Sofort merkte ich, es war ein Fehler gewesen, den Stein in meine Wegrichtung zu werfen. Die Hündin sah mich kommen, packte den Stein mit den Zähnen und trug ihn mir vor die Füße. Ich warf ihn rückwärts, ganz weit. Jetzt, dachte ich, bin ich sie los. Aber da war sie schon wieder, umtanzte mich, lief voraus, schaute sich um nach mir, machte kehrt. Ich warf Steine, einen nach dem anderen, hoffte, irgendwann werde sie nicht zurückfinden zu mir.

Manchmal war sie verschwunden und tauchte erst Minuten später wieder auf. Doch je näher wir dem Dorf kamen, um so braver trappelte sie an meiner Seite, tap tap tap, mit ihren vielen Beinen, tap tap tap, wie ein richtiger Haushund.

Ein paar Touristen kamen uns entgegen, es war mir peinlich, daß sie glauben könnten, der verwahrloste Hund gehöre zu mir.

Als wir das Dorf erreichten, nahm ich die Gelegenheit wahr und bog, während das Tier arglos vor mir herlief, in eine Nebenstraße ein. In Ruhe erledigte ich meine Einkäufe. Doch als ich mein Portemonnaie öffnete, um zu bezahlen, ging der Blick des Ladenbesitzers an mir vorbei zur Tür. Ahnungsvoll drehte ich mich um, da stand die Hündin und hatte die Vorderpfoten auf die Eingangsstufe gelegt. Ich tat, als hätte ich nie etwas mit ihr zu tun gehabt. Der Bäcker warf ihr ein scharfes Wort hin, aus den Augenwinkeln sah ich, wie sie fortschlich.

Als ich aus dem Laden trat, war sie gleich zur Stelle. Alle paar Schritte schaute sie sich um nach mir, dem Leittier, ob ich nicht unvermittelt die Richtung gewechselt hatte.

Wie wir so die Gasse entlangbummelten, stürzte aus einem Hauseingang mit wildem Gebell ein Hund und warf sich uns in den Weg.

Meine Begleiterin drückte sich an der Hauswand entlang, unschlüssig, ob sie sich dem Angriff stellen sollte. Ich trat energisch auf unseren Angreifer zu, der den Schwanz einzog. Erst als wir an ihm vorbei waren, spielte er wieder den Mutigen und stürmte uns nach.

Wenige Schritte weiter kläffte uns ein zweiter Hund an, kurz darauf ein dritter. Ich hatte nicht gewußt, daß es im

Dorf so viele Hunde gab und daß sie sich alle bedroht fühlten von uns, ich sah nur noch Hunde, ich sah das Dorf mit Hundeaugen. Ich freute mich, daß meine Braune sich nicht einschüchtern ließ, vielleicht wollte sie ihre Feinde mit mir, ihrem neuen Beschützer, beeindrucken.

Da entdeckte ich plötzlich dieses Vieh mit dem schweren Kopf und der schweren Wampe, wie es, vor einer Tür lauernd, langsam sein mächtiges Hinterteil hob. Meine Kleine bemerkte den Köter nicht, kam fröhlich harmlos daher, knurrend warf er sich auf sie.

Ihr Gejaule tat mir in den Ohren weh.

Ich schämte mich fast, daß sie mir vertraut hatte, und stand herum mit meinen Plastiktüten, ratlos, wie ich ihr helfen sollte. Ach was, dachte ich, gute Gelegenheit, das Tier loszuwerden, und machte mich davon.

Wie ich das Dorf im Rücken hatte und die Straße entlanglief, fühlte ich mich herrlich befreit.

Da war die Hündin plötzlich wieder neben mir, blutend, mit stolz gerecktem Kopf.

Ich stieg die steinerne Treppe zum Strand hinunter, das Tier folgte. Mal sehen, dachte ich, wie weit ihre Unterwerfungslust geht. Ich warf meine Tüten in den Sand, zog mich aus bis auf die Badehose und watete ins Meer. Mit ihren Wunden würde sie mir sicher nicht ins Salzwasser folgen. Sie tappte mir nach ins Nasse, zögerte, floh vor den heranschäumenden Wellen. Als ich keine Anstalten machte, zurück aufs Trockene zu kommen, warf sie sich todesmutig hinein ins Wasser.

Nach dem Bad begleitete sie mich nach Hause, blieb vor der Tür stehen und schien darauf zu warten, daß ich sie aufforderte, hereinzukommen. Guck mich nicht so an mit deinen treuen Augen, dachte ich, du Aas, glaub nur nicht, daß du mich rumkriegst. Dies ist mein Haus, und ich hasse Tiere in der Wohnung.

Sie war nicht beleidigt, sondern machte es sich draußen bequem. Von nun an traf ich sie jeden Morgen vor der Tür. Ich fand mich mit der Situation ab, was sollte ich mir

meinen Urlaub verderben, indem ich mich pausenlos ärgerte.

Verglichen mit den anderen streunenden Hunden war sie
übrigens recht hübsch, schmale Schnauze, wache Augen.
Wäre sie etwas gepflegter gewesen, hätte man sie durchaus in der Wohnung halten können. Eines Morgens, als
ich die Tür öffnete und sie wie gewohnt begrüßen wollte,
war sie nicht da. Gegen Mittag tauchte sie endlich auf. Sie
schien etwas Wichtiges erledigt zu haben und legte sich
mit ihrer vertrauten Selbstverständlichkeit neben mich in
den Sand.

Als ich meine Sachen zusammenrollte, um zu gehen,
blieb sie liegen. Erst als ich ein Stück entfernt war, sprang
sie auf und trabte mir nach. Aha, dachte ich, sie hat sich
ein neues Spielchen einfallen lassen. Am Morgen darauf
vermißte ich sie erneut. Vielleicht hat sie irgendwo einen
netten Rüden getroffen, dachte ich und erwischte mich
dabei, wie ich am Strand nach ihr Ausschau hielt. Ich begann mir sogar Sorgen zu machen. Der dicke Dorfköter
kam mir in den Sinn, der sie so böse zugerichtet hatte.
Was soll das, dachte ich, daß ich mich plötzlich um eine
streunende Hündin sorge. Ich wollte doch allein sein im
Urlaub, mich um nichts und niemanden kümmern müssen.

Ein paar Tage später – ich lag am Strand und betrachtete
die spanischen Mädchen in ihrer betörenden Badeklei-
dung, wohl wissend, daß es ihnen nicht um flotte Abenteuer ging – da entdeckte ich sie plötzlich. Sie strich um
einen jungen Mann, Ausländer wie ich, drückte sich an
seine Waden mit ihrem sandigen Fell, umkreiste ihn,
sprang an ihm hoch, er wehrte lachend ab.

Ganz dicht liefen die beiden an mir vorbei. Sie tat, als
habe sie mich nie gesehen.

Ich wickelte mein Badezeug ins Handtuch und schlenderte am Wasser entlang bis zum Dorf, ging treppauf,
treppab durch verschlungene Gassen, landete schließlich
in einer Touristenbar und bestellte ein Bier. Ich ließ mir
Münzen geben und rief Ute an.

Niemand hob ab.

Merkwürdig, dachte ich, gerade am Sonntagnachmittag ist sie eigentlich immer zu Hause.

Ich ließ eine Weile vergehen, trank mein Bier und versuchte es ein zweites Mal.

Nichts.

Vielleicht ist der Apparat nicht in Ordnung, dachte ich, zahlte mein Bier, fand ein anderes Telefon und versuchte es dort.

Wieder nichts.

Ich probierte ein drittes und ein viertes Telefon, machte mich besessen über alle Telefone des Dorfes her, hängte Hörer ein, wählte neu, wechselte Münzen, wählte langsam, wählte schnell.

Nichts passierte. Das Telefon tutete ins Leere.

Ich steckte die Münzen ein und spazierte wieder hinunter ans Wasser. Der Wind flatterte auf der Haut, der Sand knirschte zwischen den Zähnen. Ich lief den hellen Ebbestrand entlang, ein schmutziger Schleimrand begleitete mich.

Wo nachts der Leuchtturm blinkte, da wollte ich hin. Ich ging über Felder von schwarzen Steinbrocken, dazwischen schwappte das warme Wasser, meine Fußsohlen brannten von den rauhen Steinen, dann kam wieder Sand, über viele Kilometer Sand. Langweilig, dachte ich, so ein Meer mit seinem endlosen Sand.

Stunden lief ich, bis zum Leuchtturm, der stand hoch oben auf einem Berg. Ich stieg hinauf, setzte mich auf mein Handtuch, das mir der Wind wegzureißen versuchte, und schaute nach rechts, von wo ich gekommen war, und nach links, wo das Meer weiterging.

Ich hatte gehofft, hinter dem Leuchtturm sei etwas anderes, irgend etwas Neues, Aufregendes, ein Pferdemarkt oder ein Militärcamp oder ein Palast aus Tausendundeinernacht.

Aber da war nichts. Das Meer links glich dem Meer zu meiner Rechten. Endlos blau. Kein Mensch dort unten. Ich war ganz allein. Wie noch nie in meinem Leben, so allein.

Eine Kette für sie

Lilia hatte sich soeben telefonisch von ihrem Geliebten getrennt, da sie, wie sie ihm sagte, nicht länger ertrug, daß er in einer festen Beziehung lebte. Sie brauche einen Mann, erklärte sie ihm, den sie nach Bedarf lieben könne, ohne kränkende Einschränkungen. Sie weinte sogar. Sie hatte in den vier schwierigen Jahren, die sie sich kannten, nicht ein einziges Mal geweint. Ich hätte öfter weinen sollen, dachte sie erstaunt, als seine Stimme weich wurde, als er sagte: »Ich verstehe dich.« Fast hätte sie die Trennung rückgängig gemacht. Aber sie war entschlossen, Konsequenz und Disziplin in ihr chaotisches Liebesleben zu bringen, nun endlich, mit ihren inzwischen sechsundvierzig Jahren.

Sie rief Tonio an, um ein wenig zu plaudern. Seit Jahren telefonierten sie miteinander, deuteten an, was sie bewegte, verbargen, was sie ängstigte.

»Hast du Zeit?« fragte er plötzlich.

»Warum?« Es war nicht selbstverständlich, daß Tonio Zeit hatte. Außer am Telefon.

»Ich möchte aufs Museumsuferfest und nach einem bestimmten Stand mit Silberschmuck schauen. Ich würde mich freuen, wenn du mitkämst.« Obwohl sie schon am Tag zuvor auf dem Museumsuferfest gewesen war, sagte sie fröhlich spontan zu.

Sie verabredeten sich an einem Brückenpfeiler. »Wenn du nicht rechtzeitig da bist«, sagte sie, »komme ich eine halbe Stunde später und schaue nach dir. Dann noch mal eine halbe Stunde später. Dann gebe ich auf.«

»Gib nicht so schnell auf«, sagte er.

Sie sah ihn von hinten, wie er sich über die Brüstung weit zum Fluß hinunterlehnte, sein breites Kreuz, kompakt wie ein Schildkrötenpanzer. Sie widerstand dem Wunsch, ihn zur Begrüßung zu berühren, stellte sich nur seitlich neben ihn, er spürte sie sofort, wandte sich ihr zu und legte ihr seinen Arm um die Schulter, als seien sie ein Paar. Sie stand steif. Er nahm seinen Arm wieder herunter. Sein Gesicht war ohne Regung.

Der Wind pfiff über die Brücke, zerrte an Lilias Halstuch, riesige Lautsprecher dröhnten ihr Konservenmusik ins Ohr. Sie drängten sich durch das Spalier von Ständen mit dem ewig gleichen Hippie-Tand.

»Du weißt, wo dieser Schmuckstand ist?«

»Ich hoffe, er ist an derselben Stelle wie das letzte Mal.«

Ihre nackten Handrücken strichen unschlüssig aneinander vorbei.

»Jetzt wird es eng«, sagte Lilia und schlängelte sich vor. Sie sah sich immer wieder um nach ihm, wie er sich ohne jede Mimik wie eine Maschine durch die Menge schob.

Sein graublondes Haar flatterte. Sein Hemd klaffte, die silberne Münze wippte auf der Brust wie das Kreuz eines sizilianischen Mafioso.

»Ich habe Hunger!« schrie sie ihm zu. Er hielt seine hohle Hand hinters Ohr, schrie irgend etwas zurück. Sie wartete, bis er wieder an ihrer Seite war. Die Musik donnerte so laut, daß er seinen Mund ganz dicht an ihr Ohr halten mußte, damit sie hörte, was er sagte. »Hier ungefähr war der Stand.« Sie spürte seinen warmen Atem.

Sie sahen sich um. Liefen ein paar Schritte vor und wieder zurück.

»Vielleicht ist der Stand diesmal woanders«, sagte Lilia.

Es begann zu regnen. Sie holten sich Gemüsequiche und Grünkernbrätlinge und flüchteten an einen überdachten Stehtisch. In langen Schnüren floß das Wasser vom Rand des Markisendaches. Sie mußten eng aneinanderrücken, um nicht naß zu werden.

»Was für ein Sommer«, sagte Lilia. »Ich möchte so gern mal wieder verreisen. Aber ich nehme mir nie die Zeit.

Als Selbständige kann ich mir zwar spontane Treffs erlauben wie jetzt mit dir, aber richtig Urlaub hatte ich seit Jahren nicht.«

»Ich brauche jedes Jahr meinen Urlaub«, sagte er, ohne von seinen Brätlingen aufzuschauen, »sonst hätte ich schon längst einen Herzinfarkt. Ich nehme jeden schäbigen Auftrag an, um finanziell über die Runden zu kommen. Wie die jungen Leute heutzutage zielstrebig auf ihre Karriere hinarbeiten, schon mit fünfundzwanzig für ihr Alter vorsorgen – da kann man nur neidisch werden. Wir verplemperten damals unsere kostbare Zeit mit Weltverbesserei. Geld verdienen war uns peinlich. Das haben wir jetzt davon.« Er aß langsam und konzentriert. Seine kurzen, kräftigen Finger waren blond behaart.

»Wo fahrt ihr hin?« fragte Lilia.

»Nach Südfrankreich, in immer dasselbe Hotel«, sagte er.

»Und das gefällt Ulrike?«

»Nein, natürlich nicht. Sie würde gern was von der Welt sehen. Mit ihrem ruhigen soliden Halbtagsjob ist sie nicht gerade überarbeitet. Reichtümer häuft sie natürlich auch nicht an.«

»Im Gegensatz zu dir«, spottete Lilia.

Ohne eine Miene zu verziehen, fuhr er fort: »Wahrscheinlich wird es wie üblich keine große Erholung für mich. Im Urlaub kommt alles hoch.«

»Du meinst, eure Konflikte?«

Er schielte schräg zu ihr hinüber, ohne den Kopf zu heben. »Magst du probieren?«

Sie tauschten die Teller.

»Warum bist du so fixiert auf diesen Schmuckstand?« fragte Lilia. »Es gibt doch vielleicht noch andere Stände, die ausgefallenen Schmuck anbieten.« Sie zog ihr Halstuch auseinander und hielt ihm ihr Dekolleté hin.

Er legte seine Gabel aus der Hand, schlüpfte mit vier Fingern unter ihre Halskette und hob sie an.

»Ganz hübsch, die Kette«, sagte er und zog seine Hand zurück, »aber nicht vergleichbar mit der, die ich vor zwei Jahren gesehen habe. Leider war sie unglaublich teuer, so daß ich mich damals doch nicht zum Kauf entschließen konnte.« Er nahm die beiden leeren Teller und stellte sie ineinander. »Aber sie ging mir nicht mehr aus dem Kopf.«

»Für wen war die Kette?«

Es hatte aufgehört zu regnen. Er trug die Teller zurück zum Stand, rief: »Gehen wir weiter?«

»Für wen war die Kette?«

»Für Maria.«

Fünf Jahre lang war Maria seine Geliebte gewesen, er war wie besessen von ihr. Fünf Jahre lang hatte Maria gehofft, daß er sich trennt. Fünf Jahre lang hatte er nicht den Mut gehabt, Ulrike zu verlassen für eine Frau voller Widersprüche, unberechenbar wie das Feuer. Eines Tages, des Wartens überdrüssig, verließ ihn Maria. Und er, Tonio, stürzte in einen Abgrund, so schwarz, so tief, daß er zu sterben glaubte.

Sie gingen von Stand zu Stand, Lilia blieb immer wieder stehen, »Schau, Tonio!«, legte sich Ketten um den Hals, streifte sich Ringe über die Finger, schob sich Reifen über die Handgelenke.

»Alles nur Kunstgewerbe und Ethno-Kitsch!« sagte er verächtlich.

»Wollen wir aufgeben?«

»So schnell gebe ich nicht auf«, antwortete er.

Sie ließen sich weiter durch die Menge schieben, einmal glaubte Lilia, ihn verloren zu haben. Sie blieb stehen und suchte ängstlich mit den Augen. Endlich sah sie ihn kommen, schwerfällig, wie in sich selbst eingesperrt. Übermütig reckte sie ihm ihre Hand entgegen. War überrascht, wie selbstverständlich er sie ergriff, als gehörten sie zusammen.

»Horch mal, Salsa.« Sie zog ihn hinter sich her, bis sie die lärmenden Lautsprecher erreichten.

»Tanzt du mit mir?«

Er schüttelte den Kopf wie über eine Zumutung.

Unwillig ließ sie seine Hand fallen und drängelte sich durch die wippende, zuckende Zuschauermenge bis zum

Rand der Tanzfläche, wo ein einzelnes Paar sich schlangenhaft umeinander drehte. Sie eine finstere Schönheit, er kurzbeinig verwachsen. Aber was für ein Tanz! Vulgär, elegant und voll wütender Vitalität.

Atemlos wandte sich Lilia nach Tonio um, vermutete ihn weiter entfernt, und sah plötzlich, daß er genau hinter ihr stand.

Begeistert umfaßte sie seine Oberarme. »Sind die zwei nicht fantastisch?« und zappelte mit den Füßen.

Er zog abfällig die Mundwinkel nach unten.

»Hast du schlechte Laune?«

»Eigentlich wollte ich mich heute entspannen«, murrte er, »jetzt ist dieser Nachmittag genauso stressig wie meine Arbeit.«

»Vergiß doch den Schmuckstand«, rief Lilia, »laß uns gehen und irgendwo anders einen Kaffee trinken.«

»Das hätten wir sofort machen sollen«, murrte er, »statt hier stundenlang unnütz herumzulaufen.«

»Du wolltest es ja nicht anders.«

Als sie sich aus dem Gedränge herausgewunden hatten und über freie Bürgersteige hinwegliefen, wollte er keinen Kaffee mehr.

»Was willst du denn?« fragte sie.

»Nach Hause. Mich erholen.«

»Ich begleite dich noch ein Stück.«

Vor dem Schauspielhaus verabschieden sie sich. Lilia liebt die Abschiede von Tonio. Da kann sie ihn innig umarmen, ohne etwas – ja, was eigentlich? – zu riskieren.

Sie umgreift seinen Brustkorb, er faßt ihre Taille: »Tschau.«

Da stehen sie nun, statt zu gehen. Tun so, als merkten sie beide nicht, wie seine Hände auf ihren Hintern herabrutschen, verborgen unter ihrem Jackett.

Ich will das nicht, denkt Lilia, das habe ich ihm doch schon gesagt. Ich will keinen Mann mehr mit einer festen Freundin. Egal, wie schwierig diese Beziehung ist, egal, ob sie gleich zusammenkracht, ich will keine Heimlichkeiten mehr, ich will frei und fröhlich aller Welt zeigen, dies ist der Mann, den ich liebe.

Seine Hände betasten vorsichtig die Wölbungen ihres Hinterns, bereit, sich jederzeit zurückzuziehen. Lilia beobachtet genau, was seine Hände tun, aber sie wehrt sich nicht, als sie immer frecher zugreifen. Er lacht wie erlöst, ist plötzlich ganz wach und lebendig und sagt: »Komm, wir müssen ja nicht mitten auf der Kreuzung stehenbleiben.«

Hand in Hand überqueren sie die Straße, nehmen die nächstbeste nasse Bank, säubern sie rasch mit Tempotaschentüchern. »Oh, ist die kalt!« »Du frierst schnell, nicht?« Zärtlich hebt er ihre Beine auf seinen warmen Schoß, reibt ihre Schenkel, reibt ihre Haut durch den Hosenstoff, fährt die Innennaht hinauf, tastet mit allen Sinnen, abwartend, argwöhnisch. Sie sagt: »Du weißt doch, ich will mich nicht auf dich einlassen.«

»Brauchst du ja nicht. Wir tun nur, was uns im Moment Freude macht.«

»Wenn es mir Freude macht, will ich es morgen vielleicht wieder. Und übermorgen. Und dann hast du keine Zeit. Dann ist da Ulrike mit ihren wichtigeren Ansprüchen. Ich will das nicht mehr.«

»Denk nicht so viel.«

»Ich denke viel zu wenig.«

Er schaut mit offenen Augen umher, während seine Hand über ihre Brust fährt, sich unter Hemd und Büstenhalter stiehlt. Lilia hält ganz still, spürt jeden einzelnen Finger.

»Ist dir langweilig?« fragt er plötzlich.

Da lacht sie los: »Was machst du dir unnütze Sorgen.«

»Wie lange ist es her, daß du mit einem Mann öffentlich geknutscht hast?«

»Wie lange ist es bei dir her?« fragt sie zurück.

»Ich war sechzehn«, lächelt er. Sie sagt nicht, wie oft sie mit ihrem Geliebten auf einer Bank saß, und beide hatten mal wieder beschlossen, es gehe nicht so weiter, nun sei endgültig Schluß, und wie sie nach jedem Schluß gleich wieder anfingen, aneinander herumzufassen.

»Meine Tasche«, sagt sie und zieht den Riemen über die Schulter, »nicht, daß sie geklaut wird.«

Er hält noch immer die Augen wachsam geöffnet. »Wer soll die denn klauen?«

»Drogenabhängige«, sagt sie, »die sind hier massenhaft im Park, und wenn sie merken, wir achten nicht auf die Tasche ...«

»Ich sehe keinen«, schmunzelt er, »die haben sich verkrochen bei diesem naßkalten Wetter.«

Sie fährt ihm ins Hemd, spürt seine straffe warme Haut, spürt seine Warze, wie sie sich aufrichtet, sieht seine Augen, wie sie sich schließen, sieht die Passanten vorübereilen, manche scheu, andere lüstern verdruckst, wieder andere fröhlich wohlwollend.

»Du mußt jetzt gehen«, seufzt sie und drückt sich fester an die Wärme seines Körpers. Er schlägt die Augen auf: »Nicht, daß du meinst, ich bin immer so wie jetzt«, sagt er ernsthaft, »meistens bin ich wie vorhin auf dem Fest. Einsilbig, schlechtgelaunt, unerträglich für meine Umwelt.«

Beschämt fühlt sie sich ertappt, denkt an das tanzende Paar, und wie Tonio sich trotzig weigerte, sich an ihnen zu freuen.

»Vorhin habe ich dir nicht gefallen, oder?« fährt er hartnäckig fort.

»Nein«, sagt sie.

Nein, denkt sie. Er hat recht. Ich will keinen, der schlechtgelaunt an meiner Seite durchs Leben trottet. Aber Liebe ist großzügig, Liebe schert sich nicht um Schattenseiten. Es kommt auf die Schattenseiten an. Heimliche Geliebte sein bei einem chronisch mißgestimmten Kerl, das ist zuviel. Aber seine Hände unter meinem Hemd tun so gut. Und dann sehen wir uns drei Wochen nicht, weil er arbeiten muß. Weil Ulrike Vorrang hat mit ihren Forderungen. Das alles will ich nicht mehr.

Sie ringt sich los. Läßt sich gleich wieder an seine Brust sinken. »Ich könnte von dir abhängig werden«, scherzt sie, nestelt sich von neuem frei, steht auf, ordnet ihre Kleidung. Er sitzt noch immer auf der Bank. Sie nimmt sein Knie zwischen die Schenkel, wippt unschlüssig vor und zurück. »Du hast natürlich recht«, sagt er, ohne sich zu rühren. Sie läßt ihn frei, fragt: »Soll ich dich noch ein Stück begleiten?«

Er schüttelt den Kopf. »Besser nicht. Dann wird es schwerer, mich zu trennen.«

Er erhebt sich. Noch einmal umarmen sie sich. Küssen sich behutsam auf den Mund. Dann gehen sie, ohne sich noch einmal umzuschauen, jeder in seine Richtung.

Als Lilia zu Hause ankommt, hat ihr Geliebter – ihr ehemaliger Geliebter – aufs Band gesprochen. Sie ruft zurück, er ist sofort am Apparat.

»Sehen wir uns?« fragt sie. »Ein allerletztes Mal?«

Ein Star sein

Mein Lebtag träumte ich davon, ein Pornostar zu werden. Ich dachte mir, Spaß und Geld kann man da glänzend verbinden.

Statt dessen arbeite ich als Angestellter bei der Rentenversicherung, habe Frau und Kind und mache regelmäßig Urlaub auf Borkum.

Eines nachts – meine Frau schlief längst – hörte ich im Fernsehen die Ankündigung: »Wollen Sie Erotik-Karriere machen? Wir sind auf Talentsuche! Allein in Deutschland werden monatlich 5,4 Millionen Erwachsenen-Videos ausgeliehen und jeden Tag mehr als tausend neue Filme gedreht – Sie haben die Chance, uns Ihr Können vorzuführen.«

Teufel noch mal, dachte ich, darauf habe ich schon lange gewartet. Mein Talent, muß ich leider gestehen, wird von meiner Frau wenig gewürdigt. Sofort rief ich die angegebene Nummer an. Die weibliche Tonbandstimme forderte mich auf, meine Bewerbungsunterlagen an die Firma ›Connection‹ in Paris zu schicken. Notwendig seien ein privater Kurzfilm oder private Fotos nebst meinen wesentlichen Körperdaten, Alter, Gewicht usw. Außerdem ein aktueller Aids-Test sowie Kopien meiner Zeugnisse, Diplome etc. Zum Schluß fügte die Stimme hinzu, ›Connection‹ sei eine renommierte internationale Firma, die ihre Stars aus aller Welt rekrutiere.

Ich schickte auf gut Glück meine Daten samt Aidstest und Nacktfotos – mit Selbstauslöser geknipst – zum Porno-Casting nach Paris. Und zu meiner großen Freude wurde ein Vorstellungstermin mit mir vereinbart. Es hieß, Chincha, die Porno-Queen selbst, werde die Vorauswahl treffen.

Meiner Frau erzählte ich, ich sei gebeten worden, meinen

Chef für zwei Tage auf eine Versicherungsmesse in Hannover zu begleiten. Das klingt idiotisch, ich weiß. Aber meine Frau fragt nie nach. Sie glaubt mir alles. Manchmal denke ich, sie interessiert sich gar nicht für mein Privatleben.

Die Kosten für die Bahnfahrt waren gottlob erträglich. Ich habe ein persönliches Konto, auf das ich monatlich einen unauffälligen Betrag überweise, für Sonderausgaben wie diese. Als ich am Gare du Nord ankam, regnete es. Meine Euphorie machte einer leichten Beklommenheit Platz.

Der Taxifahrer kutschierte mich in eine moderne Gewerbegegend, wenn Sie wissen, was ich meine: ein Büroklotz am anderen. In einem dieser Klötze, in der 25. Etage, war ›Connection‹ untergebracht. Unten im verglasten Eingang hing das unauffällige Schildchen ein wenig verloren zwischen prächtig gravierten Tafeln von Anwaltskanzleien, Marketing-Firmen, Steuerberatern und Psychoanalytikern.

Nicht, daß ich enttäuscht war. Aber ein bißchen Moulin Rouge hatte ich mir schon vorgestellt.

Wer weiß, was mich oben erwartet, dachte ich guten Mutes und drückte die Glasfront auf.

Ich zögerte einen Moment, ehe ich mich entschloß, den Aufzug zu benutzen. Ich traue keinem Lift, erst recht nicht, wenn es in einen 25. Stock hinaufgeht. Irgendwie hatte ich die dumpfe Befürchtung, die Gondel könnte zwischen dem 14. und 15. Stock hängenbleiben. Doch bei der Vorstellung, die endlosen Treppen zu Fuß hinaufzusteigen, nahm ich mir ein Herz und betrat die Kabine. Lautlos erhob sie sich, und mir wurde einen Moment flau im Magen.

Aber alles ging gut. Als die Ziffer 25 rot aufflammte, hielten wir, und die Tür öffnete sich mit kaum hörbarem Summen. Wieder das unscheinbare Schild: »Connection«.

Ich klingelte, und automatisch sprang die Tür auf.

Ich betrat einen düsteren Flur, in dem sich zu meiner Überraschung bereits etwa dreißig andere Männer drängten, Männer aus aller Herren Länder, wie mir schien, mit den unterschiedlichsten Haar- und Hautfarben. Offensichtlich waren wir alle zu einer gemeinschaftlichen Besichtigung eingeladen worden. Ein wenig verlegen schaute jeder am anderen vorbei. Eine Lautsprecherstimme erhob sich, ähnlich wie beim Arzt oder beim Arbeitsamt, und forderte die Anwesenden auf englisch, deutsch und französisch auf, sich umgehend im Sekretariat zu melden.

Die Sekretärin war um die Fünfzig, groß und korpulent. Sie trug keine Strapse, kein Dekolleté, sondern ein adrettes Kostüm und flache Sportschuhe. Sie schaute kaum auf, während sie meinen Paß verlangte, meine zusätzlichen Daten abfragte und diese mit jenen verglich, die sie in ihrem Computer gespeichert hatte. Schließlich nickte sie und sagte, ich solle mich zu den anderen Bewerbern gesellen und abwarten.

Ich muß Ihnen gestehen, ich hatte mir das Ganze romantischer vorgestellt.

»Im Fernsehen wurde behauptet«, flüsterte ich meinem Nachbarn zu, der mich verständnislos anschaute, »daß es einen Mangel an männlichen Erotik-Stars gibt. Begreifen Sie das?«

Ehe sich jemand fand, der meinen Satz übersetzte, wurde eine Tür aufgerissen, und ein älterer Kerl erschien, der uns ruppig anhielt, uns mit dem Rücken zur Wand in einer Reihe aufzustellen. Kaum hatten wir ihm Folge geleistet, verschwand er und es wurden die Deckenleuchten eingeschaltet. Das gnadenlose Neonlicht gab jeden Pickel preis.

Ich muß zugeben, wir standen alle etwas verklemmt da. Ein paar Deutsche erzählten halblaut Witze, um uns aufzumuntern. Aber keiner lachte.

Wir standen und warteten. Durch die Tür, die der Kerl aufgerissen und nicht wieder geschlossen hatte, drang ein Stimmengewirr wie in einem Großraumbüro, dazwischen piepsten und jaulten Telefone.

Und dann trat sie auf, Chincha, die Porno-Queen, und ich

begann mich etwas wohler zu fühlen. Immerhin hatte ich sie schon in den allerintimsten Posen erlebt, und das machte sie mir gleich angenehm vertraut. Sie war züchtiger gekleidet als man sie vom Film her kannte, das heißt, sie trug schwarze Spitzenslips und einen schwarzen Büstenhalter, der einem ihre vollen Brüste wie eine leckere Speise vor die Nase hielt.

Chincha trat auf uns zu und forderte uns mit freundlicher, aber unmißverständlicher Klarheit auf, die Hosen runterzulassen. So unkompliziert hatte ich mir das nicht vorgestellt. Ich guckte nach rechts und links und sah, daß meine Kollegen ein wenig unschlüssig anfingen, an Gürteln und Reißverschlüssen herumzunesteln. Da wir uns alle in derselben Lage befanden, war die Sache tatsächlich nicht mehr allzu peinlich, wie es auch beim Urologen nicht allzu peinlich ist, die intimsten Körperteile vorzuführen.

Nachdem wir also alle in dieser etwas lächerlichen Position, mit halb auf den Knien hängender Hose dastanden, schritt Chincha wie ein Offizier die Reihe ab. Sie nahm sich keine Zeit, uns ins Gesicht zu schauen, sondern begutachtete mit raschem, geschultem Blick den Teil von uns, um den es in dieser Bewerbung hauptsächlich ging. Aber obwohl Chincha uns so dicht auf den Leib rückte, daß ihr Parfüm uns wie eine süße Wolke einhüllte, hat keiner von uns dreißig einen hochgekriegt. Gottlob wurde das wohl auch nicht erwartet. Chincha sortierte routiniert die zu kurz geratenen aus. Und verlegen stopften die verschmähten Kandidaten ihre intimen Teile wieder in die Hosen zurück.

Ich fühlte mich plötzlich gut. Ich sage Ihnen, verstecken muß ich mich nicht. Meiner ist schon in schlaffem Zustand ein ansehnliches Gerät, ausgefahren bringt er gut und gerne achtzehn Komma drei Zentimeter, und Chincha nahm ihn gleich in die engere Wahl. Dann – nachdem wir auf eine Gruppe von sechs Männern zusammengeschrumpft waren, wurde sie unvermittelt handgreiflich, und natürlich reagierte mein Kerl erfreut auf die plötzliche Anregung. Chincha nickte zufrieden, und ich muß Ihnen sagen, mich durchschoß ein beinahe kindlicher Stolz. Wie damals im Mathematikunterricht, als ich der einzige war, der die Sache mit der Hypotenuse begriff.

Erstaunlicherweise tat sich bei fünf der sechs übriggebliebenen Kollegen wenig oder gar nichts, trotz wiederholten Knetens von seiten Chinchas. Ohne viel Federlesens sagte sie »Non« und machte eine Bewegung mit der Hand, als wollte sie ein Tier verscheuchen. Nicht unfreundlich, nein. Aber eindeutig. Einer der Männer war den Tränen nahe und sagte immerfort auf französisch: »Ich verstehe das nicht. Ich hatte noch nie Probleme.«

Wie kann man sich nur so gehenlassen, dachte ich. Gnadenlos wurde er abserviert wie die anderen.

Zum Schluß blieb ich allein mit einem schmächtigen blonden Kollegen aus Dänemark übrig. Wir grinsten einander halb stolz, halb verlegen zu, und schon ging es an die Arbeit. Ich sage Ihnen, die ganze Aktion hatte bisher keine Viertelstunde gedauert.

»Probeaufnahmen mit Chincha«, hieß es durchs Mikrofon. Ich kam als erster dran, und mein dänischer Kollege durfte zugucken. Ganz recht war mir das nicht. Ich hätte gern vor meinem Auftritt geschaut, wie das alles so läuft und ein bißchen Zeit gehabt, mich an die Situation zu gewöhnen. Schließlich trete ich nicht jeden Tag vor der Kamera auf. Natürlich hatte ich Lampenfieber. Ist ja wohl normal. Aber bisher hat mich mein Kerlchen noch nie im Stich gelassen. Irgendwie hatte ich mir das Ganze auch völlig anders vorgestellt. Der Raum, in dem gedreht wurde, war ja noch ganz hübsch ausgestattet, mit einer getigerten Wolldecke überm Sofa und ein paar netten Nacktfotos an den Wänden. Aber daß sich derart viele Leute ums Sofa drängelten, wo der Akt stattfinden sollte, hatte ich nicht erwartet, und ich muß sagen: Diese Menschenansammlung hat mich schon ein bißchen verunsichert. Meinem dänischen Kollegen schien es genauso zu gehen. Wir wechselten einen Blick. Er hob den Daumen und nickte mir zu. Das tat mir gut.

Ich dachte: Der Kameramann ist unentbehrlich. Auch der Tonmann, vielleicht noch der Regisseur – aber was machen hier all die anderen Leute? Ein paar hübsche Mädels hätte ich mir ja noch gefallen lassen. Doch die Riege meiner kritischen Begutachter bestand ausschließlich aus Männern. Die einzige Frau war Chincha, die sich nun ohne Umschweife rücklings auf die Tigerdecke warf und mir ihre vertraute Intimität offenbarte. Ich muß sagen, das brachte mich wieder ein wenig in Schwung, und ich dachte: Ich muß all die Zuschauer vergessen und mich ganz auf Chincha konzentrieren, dann wird es schon klappen.

Jemand sagte: »Ton ab«, jemand stieß mich vorwärts, und ich machte mich über die sehnsüchtig seufzende Chincha her. »Stop. Stop«, ertönte es hinter mir, als ich gerade in Fahrt kam. Natürlich reagierte ich nicht gleich. Es ist ja nicht gerade angenehm, plötzlich aus einer behaglichen Stimmung herausgerissen zu werden. Schon wurde ich unsanft an der Schulter gepackt: »Langsamer! Und Hintern hoch. Man sieht ja nichts. Du sollst hier nicht einfach drauflosrammeln. Du mußt hier mitdenken, kapiert? Ton ab.«

Wieder gab ich mein Bestes. Versuchte mir vorzustellen, wie ich von der Kamera aus gut zu sehen war und konzentrierte mich zugleich auf Chincha mit ihrer süßen Öffnung. Sie können sich denken, daß das nicht so einfach war. Es war sozusagen ein ständiger Balanceakt zwischen Kopf und Schwanz. Immer wenn ich dachte, so ist es in Ordnung, wurde ich am Bein gezerrt, um einen neuen reizvollen Ausschnitt für die Kamera freizugeben. Chincha hatte es natürlich leicht. Sie seufzte und gurrte und stöhnte in einem fort und drehte und wand sich und wechselte so oft von einer Pobacke auf die andere, daß es mich anfing nervös zu machen und ich sie am liebsten angeschrien hätte: »Chincha! Jetzt halt mal einen Moment still!«

Sie wissen doch sicher aus Fernsehen und Presse, daß die weiblichen Pornostars angeblich kein bißchen Spaß bei ihrer Arbeit haben. Alles sei nur Show, heißt es, ohne echte Anteilnahme. Ich hielt das immer für Geschwätz. Ich dachte, die Damen wollen nur nicht öffentlich zugeben, wieviel Freude ihnen ihr Beruf macht.

Jetzt, wo ich im Liegestütz auf Chincha lag, war ich irritiert, wie brav sie ihr Gestöhne ein- und auszuschalten verstand, als habe sie das lautlose Kommando des Regisseurs im Ohr, und ich mußte plötzlich an das ferngesteuerte, automatisch schnatternde Plastikentchen meines Jüngsten denken. Sie werden verstehen, daß mich diese Vorstellung ein wenig ernüchterte. Ich bemühte mich redlich, mich auf Chinchas ansehnliche Brüste zu konzentrieren. Aber nichts half mehr.

Nach weniger als drei Minuten machte mein Kerl nicht mehr mit. Es war der grauenhafteste Moment meines Lebens.

»Kamera aus«, sagte der Regisseur.

Ich rappelte mich hoch. Um mich herum eine Front von Männergesichtern. Nein, nicht höhnisch, wie ich befürchtet hatte. Eher genervt, nüchtern bedauernd. Als ich so dastand, noch ganz benommen, machte Chincha von der Tigerdecke aus ihre unnachahmliche wegscheuchende Bewegung mit der Hand.

Aber so schnell gebe ich nicht auf. »Ich würde es gern noch mal probieren«, stammelte ich.

»Okay. Ein zweiter Versuch. Kamera läuft.«

Ich konzentrierte mich auf Chincha, ich konzentrierte mich auf die Zuschauer im Rücken, stellte mir ihre geilen Gesichter vor, wie sie meinen Hintern und ihren Hintern … und bewegte mich auf und ab, um in Stimmung zu bleiben, ich sage Ihnen, es war sauschwer, und dann hörte ich hinter mir: »Ja, bleib so. Wälz dich zur Seite. Gut, Chincha. Jetzt von oben.«

Es gelang mir trotz der Turnerei, in ihr drin zu bleiben, aber nun sah ich plötzlich direkt vor mir die Riege der Jury, sah all die nüchtern bewertenden Gesichter, die ich vorher im Rücken hatte. Und wieder erschlaffte ich. »Hat keinen Sinn«, sagte Chincha lässig und rollte von mir ab.

Das Todesurteil war vollstreckt.

Ich schaute meinen dänischen Kollegen an, fürchtete Schadenfreude in seinen Augen zu lesen. Aber er sah beschämt zu Boden, als sei meine Niederlage seine eigene.

»Der nächste.«

Hastig raffte ich meine Kleider. Die Kamera und die Gesichter der Jury richteten sich auf den Dänen. Chincha stöhnte.

Jäh war ich vom triumphalen Zentrum konzentrierter Aufmerksamkeit abgestürzt ins anonyme Grabesdunkel. Natürlich hätte ich abwarten und zuschauen können, ob er tatsächlich erfolgreich war, wo ich versagte. Aber ich fürchtete seinen Sieg.

Als ich wieder in den langen düsteren Gang trat, waren gottlob alle vor mir aussortierten Kollegen verschwunden.

Ich muß Ihnen gestehen, ein paar Wochen lang hatte ich an dieser Geschichte zu knacken. Immer, wenn ich es mir nachts – meine Frau schlief längst – auf dem Wohnzimmersofa gemütlich machte, trat mir Chincha vor Augen, und sofort schlaffte ich ab.

Inzwischen ist gottlob alles wieder normal, und ich kann aus vollem Herzen sagen: Meine Bewerbung zum Erotik-Star war ein unvergeßliches Erlebnis, das ich nicht missen möchte. Ach, Pardon, fast hätte ich's vergessen: Bitte seien Sie doch so freundlich und behandeln Sie diese Geschichte absolut vertraulich. Meine Frau darf nichts von alledem erfahren.

Frau mit Hut

Das erste, was er von ihr sah, war ihr taubengrauer Filzhut, viel zu extravagant für das Café *Gruber*.
Volker bestellte ein Kännchen Kaffee, nahm die *Rundschau* vom Haken und begann zu lesen. Er frühstückte nicht gern zu Hause.
Der taubengraue Filzhut trug ein rosafarbenes Band, dessen Enden lässig über die Krempe fielen. Darunter bog sich der Rücken eines Hosenkostüms, die Ärmel waren an den Schultern gebauscht und vom Ellbogen an mit vielen Knöpfchen geschlossen.
Volker rührte in seiner Tasse, blätterte in der Zeitung und wartete, daß sich das Kostüm zu ihm umdrehen würde.
Einer der Ärmel hob sich, winkte der Bedienung. Der andere streckte sich zum Nachbarstuhl aus, zog ein Täschchen von der Sitzfläche, Geld klimperte, dann wurde der Stuhl nach hinten gerückt. Die Frau stand auf.
Volker legte die Zeitung beiseite, sein Blick erwischte ihr Profil, das für Sekunden sichtbar war. Lange Nase, hochroter Mund.
Mitte Dreißig, schätzte er.
Monate später sah er sie wieder. Es war heiß. Volker mochte die faulen Großstadtsommer mit den nackten Beinen und den schwingenden Brüsten unter dünnem Jerseystoff. Stundenlang konnte er bei einem Kaffee sitzen und schauen.
Da saß sie also im Straßencafé am Merianplatz, trug einen Strohhut, an dem ein Sträußchen Seidenblumen befestigt war, und stocherte mit einem Löffel in ihrem Früchteeisbecher. Er fragte höflich, ob er sich zu ihr setzen dürfe.
Auf eine Andeutung von Nicken nahm er Platz. Er brei-

tete seine Rundschau aus, die er längst gelesen hatte, und knisterte mit den Seiten.

Sie löffelte ihr Eis. Der kleine Mund öffnete sich träge, in den Längsfältchen hatte sich Lippenrot abgesetzt. Sie aß so langsam, daß die Eisballen zu einer rosabraungelben Suppe schmolzen. Sie ließ nichts übrig, kratzte noch, als das Glas längst leer war. Plötzlich schlug sie die Augen auf und schaute ihn an mit einem schwarzen Blick, der nicht auswich. Verlegen hob Volker die Rundschau vors Gesicht. An der Zeitung vorbei sah er, wie sie der Bedienung winkte, bezahlte und ging.

Er schaute ihr nach.

Ein anderes Mal kam sie ihm im Park entgegen. Obwohl rundum Leute gingen, erkannte er sie von weitem. Auf dem Kopf trug sie einen cremefarbenen Turban. Das Kleid floß über Brüste, Taille, Hüftknochen bis hinunter zu den Füßen, die in satinglänzenden Schuhen steckten.

Ihr schleppender Gang regte ihn auf, sie schien gleich neben dem Weg auf der Rasenfläche hinschmelzen zu wollen.

Er grüßte. Sie schaute ihn fragend an. Dann war sie vorbei.

Er setzte sich auf eine Bank und döste in die Nachmittagssonne. Die Baumwipfel regten sich vor dem mattblauen Himmel. Hart traf ihn ein Kinderball an der Schulter. Ein Türkenjunge schlich herbei, Volker stand auf und kickte den Ball in einem großen Bogen über den Rasen. Wie ein kleiner Hund lief der Türke hinterher.

Volker gehörte seit einigen Jahren zu den Privilegierten, die über genügend Geld und Zeit verfügen. Nach dem Tod seines Vaters war ihm das Erbe ausbezahlt worden, von den Zinsen ließ es sich nicht schlecht leben. Aus Gewohnheit übernahm er kleine Aufträge für die Werbeagentur, bei der er als Grafiker gearbeitet hatte, ansonsten schlief er lange und vertrieb sich die Zeit mit Kaffeetrinken und Frauengeschichten.

Wenig später traf er sie wieder. Sie trug ein schwarzes Käppchen, dazu das Hosenkostüm mit den gebauschten

Ärmeln, das er bereits kannte. Sie kaufte eine Zeitschrift, sah ihn nicht, wie er neben ihr stand. Ihre Finger waren mit Ringen besteckt, an den Ohrläppchen saßen Clips und funkelten.

Als sie ging, folgte er ihr. Das Kostüm betonte ihre Taille und ihre flachen Hüften. Sie balancierte auf steilen Absätzen, Zehen und Fersen lagen frei.

Volker sprach häufig Frauen auf der Straße an. Es war ein Spiel der Langeweile. Er kannte das ganze Reaktionsspektrum, von freundlicher Zurückhaltung bis zu giftiger Abwehr. Diesmal fühlte er sich merkwürdig gehemmt, er glaubte, eine Verachtung dieser Frau nicht ertragen zu können. Er betrachtete ihren nackten Hals und ihre nackten Knöchel, machte einen flinken Schritt neben sie und ging nun an ihrer Seite: »Wir sind uns so oft begegnet, daß ich Sie jetzt ansprechen muß.«

Sie wendete den Kopf und sah ihm ohne Überraschung ins Gesicht. Sie ging nicht schneller als vorher, nicht langsamer, gelassen behielt sie ihr Tempo bei, das entzückte ihn.

»Ich gehe jetzt einen Kaffee trinken«, sagte er, »kommen Sie mit?«

Sie stieß ein Mädchenlachen hervor, das er nicht von ihr erwartet hatte, aber sie sagte nichts.

Unvermittelt blieb sie stehen, warf ihm einen Blick zu, kramte in ihrer Handtasche, nahm einen Schlüsselbund heraus, stieß mit dem Knie gegen ein Gartentörchen, das aufsprang, trat rasch in den Hauseingang und steckte den Schlüssel ins Türschloß.

Volker zögerte, ihr einfach zu folgen. Doch bevor die automatische Tür zuschnappte, war er durch das Gartentörchen gelaufen und hatte seinen Fuß in den Spalt gestellt.

Die Frau war bereits auf der Treppe.

Sie mußte ihn hören, wie er ihr nachkam, seinen langen Schritt, sie sah sich nicht um nach ihm.

Eine Professionelle! dachte er mit einem Anflug von Unmut. Oder eine Verrückte!

Er stieg die vielen Treppen hinter ihr hoch. Sie ging weder

schnell noch langsam, es war, als habe sie ihn vergessen.

Als sie ihre Wohnungstür aufschloß und er neben sie trat, schaute sie ihn an mit einem dunklen Blick, der weder aufforderte noch abwies. Er beschloß, den Blick für eine Einladung zu nehmen und ging ihr nach in ihre Wohnung. Sie ließ ihn ein und schloß die Tür.

Ohne ihn zu beachten, legte sie ihr Jäckchen ab, darunter trug sie eine ärmellose Bluse. Ihre Ellbogen waren schrumpelig wie Eidechsenhaut, Anfang Vierzig, korrigierte er sich.

Das Käppchen behielt sie auf dem Kopf.

Sie ging in die Küche, und er hörte das Knacken des Gasanzünders. Er sah sich um. Alles in der Wohnung war weiß, sogar der Fußboden. Auf der weißen Plastikcouch lagen mehrere knallrosa Kissen. Abgeschmackt, dachte er, ich bleibe, bis ich den Kaffee getrunken habe und sie ihr Hütchen abgenommen hat, ich muß noch zur Post.

Sie brachte ihm eine Tasse.

»Trinken Sie nicht mit?«

»Nein. Ich mag keinen Kaffee.«

Ihre Stimme war – ihm fiel kein besseres Wort ein – anmutig. Er mochte ihre Stimme. Wenn er am nächsten Morgen zur Post ginge, das müßte reichen.

Er beugte sich zur Couch hinunter und strich mit dem Handrücken über den Plastikbezug. »Fühlt sich kalt an!« sagte er. »Damit vergraulen Sie sich jeden Besuch!«

»Vergessen Sie Ihren Kaffee nicht.« Sie deutete auf die Tasse, die sie neben die Couch auf den Boden gestellt hatte.

Er streckte die Hand aus, umkreiste mit dem Zeigefinger ihre runde Schulter, beugte sich dann zur Tasse hinunter, nahm einen Schluck, legte eine angebrochene Packung Zigaretten auf die Couch. »Die schenke ich Ihnen! Seit fünf Tagen rauche ich nicht mehr!« und begann in ihren beiden Zimmern umherzugehen. Er schaute sich alles an, die vielen Vasen und Porzellantierchen auf den Regalen, im Flur fand er eine ganze Galerie von Hüten, Kappen und Mützen.

»Sie sind Hutfetischistin!« rief er ihr durch die offene Tür zu, kam mit einem Klappstuhl zurück. »Ich mag Ihre Couch nicht!« ließ sich auf den Stuhl fallen und nahm seine Tasse.

Sie hatte die ganze Zeit über dagestanden und ihm zugesehen.

»Gesprächig sind Sie gerade nicht!« sagte er. »Dabei haben Sie eine sehr schöne Stimme!«

Sie lächelte.

»Ich warte darauf, daß Sie endlich Ihren Hut absetzen.«

Sein Blick tauchte in ihren Blick, er wollte sie verwirren, aber sie schaute so ruhig und klar, daß er den Kopf abwenden mußte.

»Ich gehe jetzt in die Küche«, sagte sie. »Die Wäsche liegt noch in der Waschmaschine!«

Als sie an ihm vorbeiwollte, fing er ihre Hand. Sie blieb stehen. Er erhob sich, ohne ihre Hand freizugeben, er tastete ihren Arm hinauf bis zur Schulter, er drückte sie an sich, spürte einen widerstandslosen Körper, er küßte die Haut zwischen ihren Brauen, sie regte sich nicht, die Augen waren geschlossen, er nahm die Kappe und hob sie behutsam von ihrem Kopf. Ein Schleier von dunklem Haar sank auf ihre Schultern.

Und dann sah er es. In der Mitte des Kopfes war eine kreisrunde Stelle, nackt wie eine Tonsur, rundum an den Rändern standen Haarstummel borstig in die Höhe. Sie wurde ihm plötzlich zu schwer in seinen Armen. Als er sie auf den Stuhl fallen ließ, schlug sie die Augen auf. Sie sahen sich an.

»Was haben Sie mit Ihrem Haar gemacht?« fragte er und zog eine Zigarette aus der angebrochenen Packung.

Sie strich sich mit der Hand über den Kopf: »Ich rupfe es aus.«

»Aber warum um Gottes willen?« Er zündete ein Streichholz an.

»Ich weiß nicht. Einfach so.«

»Sie sollten eine Therapie machen!« Tief atmete er den Rauch ein.

Sie lächelte ihn an: »Warum? Es stört doch niemanden!«

»Mich stört es!« sagte er. »Sehen Sie, ich fand Sie sehr attraktiv. Und jetzt kann ich Sie nicht mehr anfassen! Ein Freund von mir ist Analytiker. Wollen Sie seine Adresse haben?«

Ihr Gesicht wurde traurig.

Er drückte die angerauchte Zigarette auf seiner Untertasse aus, rief: »Setzen Sie Ihren Hut wieder auf!«, ging zur Garderobe und warf ihr den Strohhut hin, warf ihr die Kappe hin, warf Filzhut, Turban, Wollmütze, warf ihr alles vor die Füße.

Sie stand und schaute bekümmert auf die vielen Hüte am Boden.

»Finden Sie mich abstoßend?«

Er wand sich, am liebsten wäre er gegangen, was sollte er hier noch mit dieser Psychopathin.

»Abstoßend ist nicht das richtige Wort«, versuchte er sich auszudrücken. »Ich bin enttäuscht, ich habe ein Geheimnis vermutet hinter ihrem Hut, und jetzt ist alles so banal!«

Das Blut schoß ihr ins Gesicht: »Es ist nicht banal!«

»Sie müssen doch zugeben«, sagte er, »daß es pathologische Züge hat, sich die Haare auszureißen!«

»Pathologisch ist nicht banal!«

»Von mir aus!« sagte er gelangweilt und nervös und ging zur Tür.

Da sprang sie auf, verstellte ihm den Weg. Er wollte sie beiseite schieben, da griff sie fest seine beiden Arme.

»Küssen Sie die kahle Stelle auf meinem Kopf!«

Er lachte hilflos. Er wehrte sich. Er wurde zornig. Tränen liefen ihr über die Wangen, hinterließen schmutzige Streifen, tropften ihr Kinn hinunter und machten Flecken auf ihrer Bluse. Sie senkte den Kopf, hielt ihm ihren Scheitel hin, er sah genau auf die blanke Kopfhaut mit dem verstümmelten Haar, genau auf die verschorften Kratzflecken.

Er schüttelte sie ab.

Sie erwischte ihn am Ärmel, umklammerte ihn wieder.

»Laß mich in Ruhe!« schrie er in hellem Zorn, riß ihre Hände weg und schleuderte sie von sich, sah sie gegen die Garderobe taumeln und stürzte aus der Tür.

Während er die Treppen hinuntersprang, aus dem Haus lief, durch die Straßen eilte, schaute er sich unentwegt um, dachte mit Herzklopfen, sie liefe ihm nach. Endlich betrat er eine Kneipe und bestellte ein Bier. Am Tresen stehend hatte er die Tür im Blickfeld, er erwartete jeden Moment, daß sie hereinstürmen und ihn bedrängen würde.

Er wunderte sich, daß ihn die Geschichte so mitnahm. Das bitterkühle Bier tat ihm gut. Ihretwegen hätte ich fast wieder angefangen zu rauchen, dachte er.

Nach Wochen traf er sie wieder.

Er saß im Café *Gruber*, und sie kam herein. Sie trug einen steifen Torero-Hut und setzte sich an den Tisch gegenüber.

Er grüßte verlegen. Sie grüßte nicht. Sie schaute ihn an mit einem schmerzlichen Blick ohne Vorwurf.

»Wie ein Tier«, dachte er und fühlte, daß ihm heiß wurde.

Hastig legte er die *Rundschau* beiseite, winkte der Bedienung, zahlte und ging.

Er sah sich nicht um.

Wünsche

Vielleicht ist es realitätsfremd.
Aber ich will um meiner selbst willen geliebt werden.
Mit meinen Launen. Mit meinen Orientierungsschwie-
rigkeiten in fremden Städten. Mit meinen Haaren auf der
Oberlippe. Mit meiner Unfähigkeit, mich in die Wünsche
meines Mannes einzufühlen. Mein Mann hat keine Ori-
entierungsschwierigkeiten. Er findet sich nicht nur in
fremden Städten zurecht, sondern auch in den Innereien
unserer Gegensprechanlage, auf der Festplatte meines
Laptops. Er findet sich in mir zurecht.
Ich bin immer wieder eine Herausforderung für ihn, sagt
er, mit meinem verworrenen Seelenleben, meinen unbe-
rechenbaren Ausbrüchen. Sein Seelenleben ist geordnet.
Man weiß immer, woran man ist. Wir haben geheiratet,
weil wir uns wunderbar ergänzen.
Er sagt: »Du solltest von einer bearbeiteten Datei Sicher-
heitskopien machen.«
»Das weiß ich selbst«, brülle ich. Er fordert einen anderen
Ton. Er will mir doch nur helfen. »Begreifst du das nicht?«
Ich bin so störrisch, daß ich das nicht begreifen will.
Ich koche unsere Frühstückseier nach Gefühl. Ich will
seine Eieruhr nicht. Er schaut mich kalt an, wenn mein
Gefühl sich geirrt hat. Wenn sein Ei zu hart ist. Mir ge-
friert meine Liebe, wenn er mich so anschaut. Er soll
nachsichtig mit mir sein. Er soll freundlich mit mir reden.
Er soll mich nicht so anschauen.
Er sagt: »Du tust extra nicht, was ich will. Ich tue immer,
was du willst. Ich erkläre dir deinen Laptop. Ich fülle dir
deine schwierigen Formulare aus.«
Ich stelle seine Eieruhr. Er ist glücklich, wenn sein Ei genau richtig ist, weder schlabberig noch fest.

Er ist glücklich, wenn er geil ist und er darf in meinen Körper hinein.

Ich bin glücklich, wenn ich mich zieren darf. Wenn ich zickig und zimperlich sein darf. Wenn ich sagen darf: »Oh, bitte, nicht sofort in meinen Körper.«

Er zieht gekränkt seine Hände zurück: »Wir sind nicht kompatibel, wir zwei.«

Schon werde ich wütend.

Schon wird er kalt.

Vielleicht ist es realitätsfremd.

Aber du willst geliebt werden als der, der du bist. Lüstern und gierig. Mit deinem frechen Schwanz, der nicht warten will. Du möchtest, daß ich Zimperliese wollüstig nach dir greife. Aber du machst mich immer spröder.

Ich möchte, daß du Draufgänger dich zügelst. Daß du nichts berührst. Nur meine Haarspitzen. Daß du spürst, wie sie sich knisternd entzünden. Aber ich mache dich immer plumper.

Ach, Liebster, was sollen wir tun?

Eldorado

Die ganze Côte d'Azur entlang war es heiß gewesen. Nun, da Georg sich den Pyrenäen näherte, bezog sich der Himmel. Die ersten Tropfen, die seine Hände trafen, nahm er noch nicht ernst. Er war auf sommerliche Hitze eingestellt. Aber als der Regen dichter fiel, zog er das Schiebedach zu. Kaum war der Wagen geschlossen, brach das Unwetter los. Die Wischer flitzten über die Frontscheibe, kamen aber nicht gegen die Wassermassen an, die wie aus Schläuchen herunterklatschten. Es ging bergan. Zäh schob sich der BMW durch den Regen, der nicht nachlassen wollte. Die Berge wurden höher, der Himmel wurde schwärzer, die Straße schlechter. Georg begann zu frösteln. Er bog in einen Seitenpfad, hielt, zog sich seine Strickweste über das helle Sommerhemd, schlüpfte in Socken und Slippers und setzte zurück auf die Hauptstraße. Er ärgerte sich, daß er nicht die Küstenroute über Gerona genommen hatte, oder besser noch die Autobahn, die er sonst immer fuhr. Auf der Karte hatte die Straße, vorbei an Andorra auf Madrid zu, wie eine Abkürzung ausgesehen. Nun wand sie sich aber in zahllosen Kurven durch unwirtliches Gebirge, das kein Ende nahm. Er durchfuhr menschenleere Orte, die Häuser hingen über dem Abgrund. Was für ein Leben, dachte er, zwischen naßgrünen Bergen, feuchten Wolken, über gefährlichen Schluchten. Was sind das für Menschen, die hier wohnen, abgeschieden von allen Annehmlichkeiten unserer Welt.

Es war kaum Verkehr. Die wenigen Autos, die vor oder hinter ihm gefahren waren, zweigten in Seitenstraßen ab.

Es dämmerte. Er fluchte. Er hatte gehofft, das Regenwetter werde vor der Dunkelheit vorbei sein, und er könnte das flache Land bei Tageslicht erreichen. Aber es sah nicht so aus, als habe er die Berge bald hinter sich. Zwar erreichte er kurz nach der spanischen Grenze den Paß, eine öde Hochebene, die sich kilometerlang hinzog, doch als es endlich bergab ging, folgte, wie beim Aufstieg, eine Bergkette der anderen. Der Regen war in gleichmäßig dünnes Nieseln übergegangen, das aussah, als würde es niemals aufhören. Zur Linken begleitete die Straße ein tiefeingeschnittener Fluß, dessen Oberfläche bei jedem Wetterleuchten gespenstisch aufglänzte. Die Dämmerung war nur kurz, dann brach Dunkelheit herein. Wie abgrundschwarz die Welt ist, dachte Georg, ohne Straßenbeleuchtung und ohne Sterne. Immer, wenn er im Ausland reiste, dachte er mit Sehnsucht an die deutschen Verkehrsverhältnisse.

Er fuhr äußerst vorsichtig. Die Straße war nur noch eine Kiespiste und unbefestigt. Die Scheinwerfer tasteten über Mulden und Steinbrocken. Oft konnte er nicht mehr ausweichen und überfuhr rumpelnd ein Hindernis. Gut, daß der Wagen robust ist, dachte er, nie wieder werde ich mitten in der Nacht eine unbekannte Straße fahren.

Da fingen die Scheinwerfer eine Bewegung am Straßenrand ein, Georg schrak zusammen, es waren zwei Menschen, die dort standen und winkten, flüchtig leuchteten ihre Gesichter auf.

Georg drückte das Bremspedal, hob den Fuß, bremste wieder und ließ den Wagen langsam auf eine Straßenausbuchtung zurollen. Er lehnte sich zurück, kurbelte das Seitenfenster herunter und wartete. Er hörte, wie der Wind durch die Bäume fegte, hörte den Regen auf das Autodach tropfen.

Was für eine Stille, dachte er, noch nie habe ich eine so wahnwitzige Stille erlebt. Hier könnte man ins Grübeln kommen.

Da hasteten Schritte in die Stille hinein, das Gesicht einer Frau tauchte an seinem Fenster auf, und sie fragte auf deutsch: »Nehmen Sie uns mit? Wir warten schon sechs Stunden im Regen.«

Er öffnete die Tür, stieg aus, ging durch den Nieselregen zum Kofferraum, schob seine kleine Reisetasche in eine Ecke – er brauchte nie viel Gepäck, wenn er an die Costa del Sol fuhr – und stopfte die Rucksäcke und den Gitarrenkasten der Anhalter hinein. Was soll das, dachte er, diese beiden verregneten Gestalten in mein Auto zu laden, wo sie alles naß und schmutzig machen.

Aber er wußte, es war kein Mitleid, das ihn hatte anhalten lassen.

Er kannte sie bislang nur aus der Ferne, jene merkwürdigen Figuren, denen Geld, Status und Schönheit nicht wichtig zu sein schienen und die tagsüber, wenn jeder arbeitete, auf dem Marktplatz herumlümmelten. Einige klimperten für ein paar Pfennige auf der Gitarre, andere lebten – so nahm er an – vom Stehlen und von der Sozialhilfe, wenn sie nicht mit Haschisch und Heroin dealten.

Die Frau setzte sich neben ihn. Bevor er die Tür zuzog und damit das Licht im Innern des Autos löschte, warf er einen kurzen Blick auf ihren wadenlangen Rock mit dem indischen Folkloremuster, das vor Jahren modern gewesen war. Unter dem offenen Steppanorak trug sie ein T-Shirt, darunter keinen Büstenhalter, wie es die Mode der Natürlichkeit verlangte. Der junge Bursche, der verfroren hinten kauerte, schien übriggeblieben aus der Hippiezeit mit seinen schulterlangen Locken.

Eine Emanze, dachte er spöttisch, die sich ihren kleinen Liebhaber hält. Der junge Mann bot Georg einen Kaugummi an, Georg lehnte dankend ab und nahm eine Packung Zigaretten aus dem Handschuhfach. Seine Gäste schüttelten den Kopf: »Wir rauchen nicht.« Georg öffnete das Fenster einen Spalt, damit der Qualm abziehen konnte. Die Frau neben ihm hauchte in ihre Hände und rieb sich die Handgelenke. Georg glaubte, ihre Zähne klappern zu hören. Er drückte die Zigarette in seinem Aschenbecher aus, schloß das Fenster und schaltete die Heizung an. Bald begann es, nach dampfnassem Stoff zu riechen.

»Wo fahren Sie hin?« fragte die Frau und lockerte sich das Haar mit ihren gespreizten Fingern.

»Nach Lerida«, sagte Georg knapp. »Weiter kommen wir heute nacht nicht mehr.«

Georg konnte sich nicht vorstellen, daß dieses Rucksackleben am Rande der Gesellschaft freiwillig gewählt war, auch wenn es so aussah. Was aber trieb zivilisierte Menschen dazu, auf all die Dinge, die den Alltag angenehm machten, zu verzichten?

Es wetterleuchtete. Blitze flackerten über den welligen Horizont. Wie in einem englischen Gespensterfilm, dachte Georg und hoffte, daß diese mühsame Schlängelfahrt am Rande des Abgrunds bald ein Ende hatte. Als er bei einem Blitz nach seiner Beifahrerin schaute, schlief sie mit geöffnetem Mund und schnarchte leise. Ihr Haar, das vorher naß am Kopf geklebt hatte, bauschte sich jetzt um ihr Gesicht. Sie könnte etwas aus sich machen, dachte er, wie viele von diesen studierten Frauen, die in Sack und Asche herumlaufen und lauthals verkünden, sie wollten um ihrer Persönlichkeit willen geliebt werden. Vielleicht etwas für Männer, die sich nach dem Vögeln noch unterhalten wollen. Jeder Mensch ist auf seinen Vorteil aus, ob Mann oder Frau, eine Binsenweisheit. Die Emanzen machten alles schrecklich kompliziert, fand er, mit ihren weltfremden Idealen und ihren Klagen über die Unterdrückung der Frau. Ihm persönlich lag nichts daran, Frauen zu unterdrücken, im Gegenteil. Seine Erfahrung allerdings war: Wer eine Frau gut behandelt, wird ausgenutzt.

Er nahm eine Kurve. Die Frau neben ihm seufzte und räkelte sich, schoß plötzlich in die Höhe, rief: »Ich höre gar nichts mehr!« und stocherte in ihren Ohren herum.

»Du mußt schlucken!« rief Georg, »oder gähnen!« Sie versuchte es, er sah sie im Halbdunkel Grimassen schneiden.

Endlich lachte sie: »Es knistert in den Ohren!«

Dann: »Jetzt höre ich wieder ganz klar!«

Es ging weiter die Berge hinunter.

Wie lang die Pyrenäen sich hinziehen, dachte Georg, auf seiner Karte hatte die Gegend südlich der Grenze flach ausgesehen.

Er fühlte sich müde. Es war fast Mitternacht, den ganzen Tag hatte er im Auto gesessen. Ich bin nicht mehr der Jüngste, dachte er, früher hätte ich die Strecke spielend geschafft. Er überlegte, ob er tatsächlich noch bis Lerida fahren sollte. Aber die kleinen, billigen Hotels unterwegs mochte er nicht. Er brauchte einen bewachten Parkplatz – Diebe hatten ihm einmal sein Auto aufgebrochen und das Radio ausgebaut. Er hatte keine Lust, sich mit der Polizei herumzuschlagen, die am Ende doch keinen Dieb fing, geschweige das gestohlene Gut wieder auftrieb. Außerdem fürchtete er, am Morgen deprimiert aufzuwachen, wenn er das nieselige Gebirgswetter durchs Fenster sah. Nur eine Übernachtung in Lerida kam in Frage. Er kannte ein Hotel, in dem er oft und gern eingekehrt war, wenn er die Küstenstraße verließ, um einen Umweg über Madrid zu machen, wo Freunde von ihm wohnten.

»Wo schlaft ihr heute nacht?« fragte er nach hinten gewandt den jungen Burschen, der stumm auf seinem Kaugummi herumbiß.

Die Frau hob die Schultern: »Wenn es warm ist, schlafen wir draußen ... «

»Es ist nicht warm«, sagte Georg, »und es regnet.«

Sie sprachen nichts mehr, bis sie gegen zwei Uhr nachts Lerida erreichten. Das Hotel befand sich gleich am Ortseingang. Es regnete noch immer. »Ganz ungewöhnlich um diese Jahreszeit!« sagte Georg. »Aber morgen scheint mit Sicherheit die Sonne!«

Sie stiegen aus. Er half ihnen, das Gepäck aus dem Auto zu heben. Die Haare der Frau begannen, sich über der Stirn wieder strähnig in die Länge zu ziehen. Der junge Mann stand mit eingezogenen Schultern da und umklammerte seinen Gitarrenkasten. Es war nicht Mitleid, als Georg sagte: »Ich bezahle euch ein Zimmer.«

Er sah, wie die zwei einen Blick wechselten, dann die Fassade des Hotels hinaufschauten. HOTEL RESIDENCIA stand da in riesigen Neonlettern. »Wartet«, sagte er und fuhr den BMW auf den Innenhof des Hotels, den man für ihn geöffnet hatte. Er mußte grinsen, als er zurückkam und sah, daß sie sich in der Eingangshalle herumdrückten wie das Besenbinderpärchen im Palast des Kalifen. Er holte zwei Zimmerschlüssel, winkte sie heran und schaute amüsiert auf die olivfarbenen Umhängetaschen, auf die Plastiktüten und die Rucksäcke. Ein Hotelangestellter begleitete die drei und trug Georgs Reisetasche in den Lift. Sie mußten eng aneinanderrücken, um mitsamt dem Gepäck hineinzupassen. Georg spürte den wattierten Anorak der Frau an seinem Oberarm. Dann ihr kantiges Knie an seinem Schenkel. Ihre Kleider rochen muffig. Vielleicht hat sie auch gerade ihre Tage, dachte er.

Der junge Mann nahm ihre Hand und streichelte die Innenfläche. Seine Fingernägel waren tief abgekaut.

Als Georg dem Hoteldiener das Trinkgeld gab, bemerkte er den Blick der Frau. Dafür würden sie schon ein billiges Mittagessen bekommen, dachte er und öffnete ihnen ihr Doppelzimmer, das direkt neben seinem Einzelzimmer lag.

»Kalt hier«, sagte der junge Mann und machte ein trotziges Gesicht.

»Air Condition«, erklärte Georg und schaltete auf Medium. »Die Gegend hier ist heißer als in den Pyrenäen, auch wenn es heute nacht regnet.«

Die beiden jungen Leute standen unschlüssig zwischen ihrem Gepäck. »Wie teuer ist so ein Zimmer?« Georg wies auf die Tafel neben der Tür. Die Frau stellte sich davor und las. »Das sind ja hundertzwanzig Mark!« rief sie erschrocken. Sie ging zum Fenster, hob die schweren Vorhänge, ließ sie fallen, verzog den Mund, während sie Telefon und Fernseher betrachtete, nahm mit zwei Fingern das Briefpapier vom Sekretär, das den Briefkopf des Hotels trug, und schnaubte: »Hundertzwanzig Mark! Davon leb' ich eine Woche!«

»Gut. Ich bestelle das Zimmer ab«, sagte Georg gelangweilt und griff seine Reisetasche, die der Bedienstete vor der Tür abgestellt hatte.

»Nein, nein!« rief der junge Mann eifrig. »Ist schon in Ordnung!« und ließ sich rücklings aufs Bett fallen.

Seine Freundin tigerte weiter durch den Raum, öffnete den zweitürigen Spiegelschrank, spielte mit den zahllosen Lichtknöpfen, die vom Bett aus zu bedienen waren, und knurrte: »Was für ein überflüssiger Luxus.«

»Gute Nacht«, sagte Georg und ging in sein Zimmer. Das Kopfende seines Bettes stieß an das Kopfende des Nachbarbettes, nur die Mauer war dazwischen. Er hörte die Frau zetern und wie der Mann beschwichtigend auf sie einsprach. Sie hasse das Hotel, schrie sie, die protzige Einrichtung, die devote Bedienung, das alles sei ihr fremd, sie habe ihr Leben lang sparen müssen, sie sei ein genügsamer Mensch, ihr werde übel von so viel Verschwendung, während es Menschen gebe, die sich zu Tode schuften für ein lächerliches Stück Brot.

Später hörte Georg sie vögeln. Er lauschte interessiert. Er hörte vor allem ihn, der wie ein Kind wimmerte. Sie scheint einen Mutterkomplex zu haben, vermutete er und fragte sich, ob sie sich immer so beherrschte oder ob sie ihm seine Lust als Lauscher mißgönnte. Zornig masturbierte er. Wer weiß, ob es diesem Kerlchen überhaupt gelingt, sie zu befriedigen, dachte er beim Einschlafen.

Um neun klingelte sein Reisewecker.

Georg brauchte wie üblich nur ein paar Minuten, um wach zu werden. Er duschte, putzte sich die Zähne und rasierte sich.

Ich sehe eigentlich noch ganz ansehnlich aus, dachte er, während er sich die Schaumreste von der Backe wischte. Der Spiegel zeigte einen Mittvierziger, gebräuntes Gesicht, etwas verlebt vielleicht, die Schultern muskulös vom Tennis und Surfen. Nie hatte er sich gehenlassen. Das zahlt sich jetzt aus, dachte er zufrieden, viele in meinem Alter tragen Bauch und Doppelkinn. Er hatte es immer einfach gehabt im Leben. Sein Geschäftssinn, gepaart mit Risikofreude, hatte ihm zu einigen Erfolgen im Baugewerbe verholfen, zunächst als selbständiger Bauingenieur, später als Architekt. Er hatte immer gut verdient. Finanzielle Durststrecken oder gar ernsthafte Geldsorgen kannte er nicht. Seine Eltern betrieben gemeinsam ein

Architekturbüro, schon als Junge hatte er ausgeholfen.

Auch mit den Frauen hatte er es leicht. Er heiratete schnell, war ebenso schnell wieder geschieden und seitdem eingefleischter Junggeselle. Seine Frau war Konzertgeigerin gewesen. Damals war er vernarrt in sie. Als er erfuhr, daß sie ihn zwei Jahre lang mit ihrem Dirigenten betrogen hatte, schlug er sie halbtot, und sie reichte die Scheidung ein.

Da die Ehe kinderlos geblieben war, gab es mit der Scheidung kein Problem. Georg machte eine Phase von Melancholie und Suff durch, etwas, das er bis dahin nicht gekannt hatte, und wurde erst nach Jahren wieder offen für die vergnüglichen Seiten des Lebens. Essen, Trinken, Sport, Frauen – das war alles, was ihn nun neben seiner Arbeit interessierte. Mehrmals im Jahr verreiste er für einige Wochen, um faule Ferien in seinem Haus in Marbella zu verbringen, das nach seinen Entwürfen im maurischen Stil gebaut worden war.

Er packte seine Sachen zusammen, nahm die Reisetasche und klopfte an die Nachbartür. Ein Grunzen antwortete ihm. Er klopfte nochmals, rief: »Ich gehe runter, frühstücken!«, da öffnete sich die Tür. Vor ihm stand die junge Frau in T-Shirt und Blümchenschlüpfer und mit einem vom Schlaf verschwollenen Gesicht.

So sieht sie also morgens aus, dachte er. Sie hatte gutgeformte, wenn auch leicht sichelförmig gebogene Beine, die vom Knöchel bis zum Knie hinauf dunkel behaart waren.

Er mochte nicht, wenn Frauen sich die Körperhaare abrasierten oder sie chemisch entfernten, er haßte die harten Stoppeln, wenn das Haar nachwuchs. Er erinnerte sich, wie er als Fünfzehnjähriger einer Frau am Briefkasten begegnet war, er sah nur ihre behaarten Beine. Wie betäubt lief er ihr nach, bis sie in einem Hauseingang verschwand. Heute bin ich abgebrüht, dachte er, ich habe alles gehabt, was kann eine Frau mir noch bieten.

Es dauerte nicht lange, da kamen die zwei fertig angezogen an seinen Tisch. Sie trägt dasselbe T-Shirt wie gestern, stellte er fest, wahrscheinlich auch denselben Schlüpfer. Der junge Mann sah aus wie ein Weihnachtsengel mit seinen frischgewaschenen Locken, den weichen Zügen und dem verträumten Blick.

Georg bestellte den beiden ein Frühstück, schlürfte seinen schwarzen Kaffee und hob die spanische Zeitung vors Gesicht. Mehr als Kaffee pflegte er morgens nicht zu sich zu nehmen.

Seine zwei Gäste aßen schweigend und viel. Sie schienen lange nichts gegessen zu haben. Dem jungen Mann fehlten zwei Vorderzähne. Georg tippte auf Drogenerfahrung.

An der Rezeption zahlte er bargeldlos mit seiner American-Express-Karte. Er bemerkte den Blick der Frau und wie sie den Mund verzog.

»Ich fahre nach Madrid«, sagte Georg, als er sah, daß sie ihr Gepäck sehr selbstverständlich neben seine Reisetasche ans Auto gestellt hatten, »ihr wollt doch sicher an die Küste.«

»Ja«, sagte die Frau, »wo noch kein Touristenrummel ist. Aber warum nicht erst nach Madrid? Da war ich noch nie.«

»Anschließend fahre ich weiter nach Marbella.«

»Marbella«, rief sie. »Wie gräßlich. Aber wir müssen ja nicht dort bleiben. Es gibt sicher schöne Strände in der Nähe, ohne Touristen.«

Schmarotzer, dachte Georg, bis Madrid lasse ich sie mitfahren, aber keinen Kilometer weiter. Er wuchtete das Gepäck in den Kofferraum, ließ die beiden einsteigen und startete. Es begann heiß zu werden. Georg fühlte sich wohl. So liebte er Spanien: postkartenblauer Himmel, triste versteppte Hügel und längs der Straße die Schutthalden der Zivilisation: Abfall, Kleinindustrie, halbfertige Häuser, die bereits wieder verfielen, und weithin sichtbar auf den Gipfeln der Berge der Osborne-Stier, schwarz und männlich, jedoch auf der Rückseite mit Brettern abgestützt.

»Was macht ihr beruflich?« fragte er über seine Schulter hinweg den jungen Mann, der kaugummikauend aus dem Fenster starrte. Das ist sicher noch der alte von gestern, dachte Georg angewidert, wer weiß, wo der Kerl ihn hingeklebt hat, um ihn heute weiterkauen zu können.

»Wir studieren noch«, sagte die Frau. »Rolf Musik, ich Volkskunde.«

»Und was soll das später geben, wenn ihr fertig seid?«

»Später«, wiederholte die Frau mit ironischer Betonung. »Ich lebe heute. Und Geld zum Leben kann ich immer verdienen, wenn Sie das meinen. Notfalls gehe ich putzen. Rolf ...«, sie wies mit dem Kopf nach hinten, »Rolf spielt Gitarre auf der Straße, irgendwie geht es immer weiter, wir brauchen ja nicht viel zum Leben. Die paar Klamotten, die ich hab', näh' ich mir selbst, Auto brauch' ich nicht, und es gibt so viele einfache Dinge, die Spaß machen, ohne was zu kosten.«

»Zum Beispiel?«

»Zum Beispiel Wandern!« rief sie. »Manchmal bin ich stundenlang im Gebirge unterwegs, oder ...«, sie schaute ihn herausfordernd an, »lange schlafen, vögeln, im Bett frühstücken – das ist herrlich. Oder tanzen, nein, nicht in der Disco, zu Hause mit Freunden, das kostet nichts. Gute Musik, 'ne Flasche billigen Landwein dazu – warum muß es Champagner sein oder Kognak, was weiß ich, was Sie so trinken. Und ich schätze« – sie hielt seinen Blick fest – »ich schätze, Sie sind nicht besonders glücklich. Wenigstens ziehen Sie ein mürrisches Gesicht, wenn Sie sich nicht beobachtet fühlen.«

»Als ich euch gestern von der Straße aufgesammelt habe«, sagte er trocken, »habt ihr auch nicht gerade glücklich ausgesehen. Ihr macht euch was vor, ihr entwickelt einen Kult um das einfache Leben, aber wenn ihr im Wald übernachtet, dann fehlt euch doch die heiße Dusche und eine Toilette mit Wasserspülung.«

»Ich will mich nicht abhängig machen!« sagte sie stolz. »Freiheit ist mir viel wichtiger als Bequemlichkeit.«

»Freiheit«, sagte Georg spöttisch, »Freiheit gibt es nicht. Jeder Mensch ist Gefangener seiner Wünsche. Jeder lügt und manipuliert, um zu kriegen, was er braucht.«

Sie erhitzte sich: »Sie haben offenbar traurige Erfahrungen gemacht. Ihre Ansichten sind menschenverachtend. Es gibt Idealisten, die nur um der Sache willen handeln, die unbestechlich sind.«

»Das sind die Schlimmsten«, sagte Georg, »die Idealisten, die unermüdlich an das Gute im Menschen glauben. Und um der Sache willen in der Gegend herumschießen.«

Die Straße nach Madrid zog sich hin.

Die Frau war aus ihren Sandalen geschlüpft, knetete ihre Zehen und seufzte: »Meine Füße schwellen an. Ich vertrage die Hitze nicht.« Sie raffte den Rock hoch über die Knie und ließ ihn zwischen ihre gespreizten Beine fallen. Ihre Hände lagen auf den Oberschenkeln. Schöne Hände, dachte er, schlank und kräftig. Auch seine Frau hatte schöne Hände gehabt, die ließen den Geigenbogen so sensibel vibrieren, daß er ihr stundenlang zuschauen konnte. Von Musik verstand er nichts.

»Ich habe Geld«, sagte Georg, »das wirkt anziehend auf Frauen. Ich sehe das ganz nüchtern, ohne Illusionen. Wie heißt das so schön bei Bert Brecht? Geld macht sinnlich.«

»Mich nicht«, sagte die Frau knapp.

»Stell dir vor«, sagte er, »ich böte dir einen Tausender, damit du mit mir schläfst.« Er trat aufs Gas, um einen Jeep zu überholen.

»Sie sind nicht mein Typ«, sagte sie und massierte ihre Füße.

Er sah, daß sie einen leicht geschwollenen Hals und etwas vorstehende Augen hatte. Basedow, dachte er, sie ist leicht erregbar.

Er warf einen mitleidigen Blick in den Rückspiegel. Der junge Mann biß mit kleinen, energischen Bewegungen auf seinem Kaugummi herum und blies ihn zwischen seiner Zahnlücke hindurch zu einer Blase auf.

Georg hielt vor einem Restaurant, bestellte Stockfisch und Salat und fragte, ob sie etwas essen wollten.

Nein, betonten sie, sie seien nicht hungrig.

Er lächelte, sie sollten doch seine Bemerkung von vorhin nicht so ernst nehmen, er lade sie ein, und das verpflichte sie zu gar nichts. Widerstrebend bestellten sie, er beobachtete, wie sie beide mit gutem Appetit aßen. Sie essen auf Vorrat, dachte er.

»Ihr wollt das Leben übersichtlich«, er rief den Wirt, um zu bezahlen, »und macht es doch nur umständlich. Jeder Mensch braucht ein wenig Komfort, um zufrieden zu sein, ihr auch. Ein Auto ist doch heute kein Luxus mehr.«

»Mir kommt es mehr auf den Weg an als auf das Ziel«, belehrte sie ihn. »Mit dem Auto rase ich am Leben vorbei, höre nichts, nur Motorenlärm, sehe nichts, nur Verkehrsschilder. Wer sich der Technik unterwirft, verliert seinen eigenen Rhythmus.«

»Romantikerin!« Georg erhob sich, ließ ein paar Münzen auf dem Tisch liegen und ging zum Auto. Seine zwei Gäste folgten.

»Du glaubst wohl«, sagte er, während er startete, »früher sei das Leben angenehmer gewesen, als man noch mit der Postkutsche trampte.«

»Nicht angenehmer!« ereiferte sie sich, ohne auf seine Ironie einzugehen. »Aber es ist doch bewiesen, daß der technische Fortschritt schreckliche Folgen für die Umwelt hat ...«

»Wie heißt du?« fragte er und schaute sie an.

»Bettina.«

»Ich heiße Georg.«

Sie schwiegen. Georg sah im Rückspiegel, daß Rolf seinen Kaugummi aus dem Mund nahm und sich eine Zigarette zu drehen begann. An den Fingern trug er, wie seine Freundin, billige Silberringe. Georgs Frau hatte eine Vorliebe für teuren Schmuck gehabt, den er ihr gern schenkte. Er verdiente ja gut. Was für ein Narr war er gewesen zu glauben, sie liebe ihn. Meine Ehe war ein Geschäft, dachte er, gespielte Leidenschaft gegen Geld. Sie die Hure, ich der Freier.

Jeder Mensch ist käuflich, dachte er, manche geraten nie

in Versuchung, weil ihnen die Gelegenheit fehlt, und dann reden sie sich ein, sie seien die besseren Menschen.

Spontan entschloß er sich, Madrid zu umfahren und seine Freunde erst auf dem Rückweg zu besuchen. Seinen beiden Begleitern war es recht. Am Abend hielt er an einem Parador, einem der staatlichen Hotels, die schön gelegen und luxuriös ausgestattet sind.

Wie in der Nacht zuvor bestellte er ganz selbstverständlich zwei Zimmer, sagte, er wolle sich im Swimmingpool erfrischen, vielleicht hätten sie Lust mitzukommen.

Rolf küßte seine Freundin, streichelte ihr die Wange und sagte, er sei müde, er wolle schlafen gehen. Ist er naiv, dachte Georg, oder warum räumt er so kampflos das Feld? Er schloß sorgfältig seine Tür ab und hinterließ Schecks und Wertsachen im Hoteltresor. Bettina holte ihr Badezeug und begleitete Georg hinters Haus. Es begann zu dämmern, aber die Luft war noch warm.

»Schön, die Sterne«, sagte Bettina und staunte in den Himmel.

Georg entkleidete sich rasch und sprang ins Wasser, während sie, in jeder Hand eine Sandale, am Beckenrand stehenblieb. Eine spanische Großfamilie tummelte sich noch auf der Wiese.

Endlich begann Bettina, den Rücken gegen die Spanier, Schlüpfer und Bikinihöschen umständlich unter dem Rock zu wechseln.

Was soll das Theater, dachte Georg, sie hätte oben im Zimmer Zeit genug gehabt, sich umzuziehen. Aber vielleicht will sie mich mit einem kleinen Strip scharfmachen.

Sie trug einen roten Schlüpfer, nicht den Blümchenslip vom Vortag. Er schaute zu, wie sie sich das Bikinioberteil, ohne die Nackenschleife zu öffnen, über den Kopf zog, wie sie das bißchen Stoff mit einer Hand knüllte und in den Ausschnitt ihres T-Shirts fallen ließ, wie sie von unten nachfaßte, daß der Stoff des Hemdes sich beulte, wie sie zupfte und zog, bis die Bikini-Schalen ordentlich auf den Brüsten saßen, wie sie die Bänder am Rücken knotete und endlich aus dem Hemd schlüpfte. Ohne Georg zu beachten, wandte sie sich mit einem Ruck zum Becken, stürzte ins Wasser und schwamm ein paar Runden.

Er amüsierte sich über ihren sportlichen Eifer. Kraftvoll schoß ihre breite Schulterpartie aus dem Wasser und tauchte wieder hinunter. Nachdem sie sich ausgetobt hatte, legte sie sich auf den Rücken und bewegte sich mit kleinen Paddelschlägen fort. Er schwamm auf ihre Fußspitzen zu und streifte zart ihre haarigen Beine. Sofort zuckte sie auf, strampelte ihm einen Schwall Wasser ins Gesicht, warf sich auf den Bauch, stieß zum Beckenrand und kletterte hinaus. Triefend naß, wie sie war, griff sie sein Handtuch und rief: »Darf ich? Ich habe meins vergessen.«

»Ja, wenn du mir noch eine trockene Stelle übrigläßt!« spaßte er, obwohl er verabscheute, wenn jemand Handtuch, Waschlappen, Kamm und Zahnbürste von ihm benutzte.

Er beobachtete vom Wasser aus, wie sie verzweifelt um den nassen Bikini herumrubbelte, der immer neue Rinnsale den Körper hinunterschickte, und wie sie blitzschnell, den Rücken gegen ihn, ihren Bikini herunterriß und in T-Shirt und Rock schlüpfte.

Vielleicht ist sie wirklich prüde, wunderte er sich. Dabei liegen solche wie sie zu Hunderten nackt an den spanischen Stränden, ohne Rücksicht auf die Moralvorstellungen des Gastlandes.

»Ich laufe noch ein bißchen herum«, sagte sie. »Damit meine Haare trocknen. Drinnen bei der Klimaanlage erkälte ich mich sonst.«

Er begleitete sie ins Dorf hinein, der warme Wind streichelte seine Haut.

»Ich mag nicht, wenn man mich an den Beinen anfaßt«, sagte sie und schubste ein Steinchen vor sich her. »Früher hab' ich mir die Haare mit heißem Wachs weggemacht, das tat weh.« Sie stieß das Steinchen heftig über das Straßenpflaster. »Ich wollte immer schöne nackte Beine haben.«

Ihr Schritt in den Reformsandalen, der kindlich nach innen ging, rührte ihn. Auch wie ihr Haar naß an den Kopf angepappt war und die Kopfhaut rosig durch die Strähnen schimmerte. Er mußte an das Baby seiner Schwester denken, wie es zerbrechlich in seinem Arm gelegen hatte und wie er nicht wußte, was er mit ihm anfangen sollte, er hatte Angst, es fallen zu lassen.

»Ich hatte noch nie einen Mann mit Geld«, sagte sie. »Manchmal wünsche ich mir, auch mal verwöhnt zu werden.«

»Warum bist du mit diesem Jungen zusammen?« fragte Georg. »Der kann dir doch nichts bieten.«

Sie schaute schräg zu ihm hoch: »Wir haben uns geliebt!« Sie stieß ihr Steinchen mit Schwung ins Feld. »Er ist sehr einfühlsam, sehr zärtlich. Ich kannte so was nicht ... «

»Und jetzt?«

Sie schwieg, suchte sich mit der Fußspitze ein neues Steinchen und trieb es vor sich her. »Er ist ein Träumer. Ich muß ihn beschützen gegen die böse Welt ... dabei«, sie lachte kurz auf, »bin ich gar nicht so stark.«

In seinen Händen verspürte er Sehnsucht, ihr das Haar zu streicheln, da, wo es seidig angetrocknet war.

Was ist los, dachte er, was will ich von dieser Frau? Sie ist schlecht gekleidet, hat einen durchschnittlichen Körper ohne besonderen Reiz, ein mittelmäßiges Gesicht und wenig Charme.

Nachts kam sie zu ihm. Sie hatte sich mit einem Kinderküßchen verabschiedet und war im Nebenzimmer verschwunden. Da hatte er natürlich nicht mehr mit ihr gerechnet. Wenn er ehrlich war, störte sie ihn sogar. Er war nicht mehr der junge Spund, der unbedingt jede Gelegenheit beim Schopf greifen mußte. Es war ihm recht, abzuwarten und – wenn die Zeit reif war – zu genießen, eine Fähigkeit, die Frauen bei ihm schätzten. Im übrigen war er erschöpft von der Fahrt und hatte bereits nach lieber Gewohnheit onaniert, um einschlafen zu können.

Nun, als Gentleman wußte er, daß es sich nicht gehört, eine Dame, die ungebeten kommt, schroff fortzuschicken. Also machte er Platz und schlug die Bettdecke auf. Bettina lächelte, zog ihre Kleider aus, legte sie über den Stuhl und kroch zu ihm. Ihre Haut war leicht verschwitzt. Er hörte ihren verhaltenen Atem, ihr Haar kitzelte seinen Hals.

Wenn sie was will, soll sie was tun, dachte er, ich habe keine Lust, sie zu bedienen, nachdem ich sie den ganzen Tag im Auto herumkutschiert habe. Endlich begann sie sich zu räkeln und sich an ihn zu drücken und seine Arme um ihren Körper zu ziehen, das behagte ihm. Sie verwöhnte ihn, das kannte er sonst nur von Huren. Georg ging gelegentlich ins Bordell. Dort konnte er einfach daliegen und sich geliebt fühlen, auch wenn er dafür zahlen mußte. Das Bordell war eine klare Angelegenheit: Er wußte, was er bekam für sein Geld. Es gab keine diffusen Erwartungen und daher auch keine Enttäuschung. Eine Café-Bekanntschaft ins Bett zu locken, war dagegen aufwendig, kostete Zeit und Kraft. Im übrigen störte ihn das gemeinsame Frühstück, das er als unpassend intim empfand.

Als sie später ruhig nebeneinanderlagen, scherzte er: »Im Puff könntest du mit deinen Fähigkeiten einen Haufen Geld verdienen!«

Sie sagte nichts.

Im weichen Licht der Nachttischlampe sah er ihr Gesicht an, die kleinen Zähne, die kindliche Rinne zwischen Nase und Oberlippe, die Steilfalte an der Nasenwurzel. Er hob einen Finger, um ihr die Falte glattzustreicheln. Da öffnete sie die Augen und rollte sich plötzlich, ohne ihn anzuschauen, aus dem Bett. Sie wandte sich zum Stuhl, auf dem ihre Kleider lagen.

Er setzte sich abrupt auf: »Gehst du?«

»Ja.« Sie ließ ihre Kleider und ging zum Bad: »Erst dusche ich.«

Er hörte, wie sie das Wasser andrehte, sie trällerte in das Rauschen hinein. Er betrachtete das große Foto, das an der gegenüberliegenden Wand hing. Es zeigte eine felsige Bucht mit schäumenden Wellen. Ich hätte schon längst am Meer sein können, dachte Georg, statt mich von dieser Landstreicherin an der Nase herumführen zu lassen.

Er erhob sich, holte seine Brieftasche, nahm einen Hundertmarkschein heraus und legte ihn auf ihren Kleiderhaufen. Anschließend kroch er zurück ins Bett und schloß die Augen.

Das Wasserrauschen brach ab, die Tür zum Bad wurde aufgestoßen, er vernahm das weiche, schleifende Geräusch, wenn Stoff über nackte Haut streift. »Gute Nacht«, sagte sie. Dann klappte die Zimmertür.

Er blieb eine Weile auf dem Bett liegen und betrachtete das Foto an der Wand. Wo mochte das sein? Er tippte auf die Atlantikküste im Norden. Endlich erhob er sich und schaute nach, wo der Geldschein geblieben war. Auf dem Stuhl fand er ihn nicht. Vielleicht ist er heruntergefallen, dachte er und ging auf die Knie, um ihn zu suchen. Er tastete mit der Hand unter Tisch und Kommode, ob er da hingerutscht war, er suchte hinter dem Kleiderschrank, er wurde immer aufgeregter, wühlte unter seinen Hosen und Hemden, suchte im Bad zwischen den Handtüchern, die naß verknäuelt in der Ecke lagen. Der Geldschein war verschwunden.

Georg legte sich zurück aufs Bett und verschränkte die Hände hinter den Kopf. Draußen fuhr ein Auto an, das tat ihm weh in den Ohren. Lange konnte er nicht einschlafen.

Um acht Uhr weckte ihn sein Reisewecker. Er stand auf, packte, trank seinen schwarzen Kaffee, zückte die American-Express-Karte und bezahlte nur sein Einzelzimmer.

Die Luft war noch angenehm lau von der Nacht, als er losfuhr. Er beschloß, die heiße Mittagszeit mit einer Zeitung im Café zu verbringen.

Am meisten, dachte er, enttäuscht mich, daß sie sich nicht höher bewertet. Hundert Mark. Wieviel mehr hätte sie von mir kriegen können.

Am Abend erreichte er das Meer bei Malaga und fuhr die Küstenstraße bis Marbella, ein schmaler Streifen Luxus zwischen kargen Bergen und kargem Meer. Wälder von Fernsehantennen auf den flachen Dächern der Hotels.

Georg nahm die Hauptstraße mit den zerzausten Palmen und fand, durch ein Gewirr von Gassen, sein Haus, das etwas abseits eingezäunt auf einer Anhöhe stand. Er lud sein Gepäck ab, schaltete Strom und Wasser ein, sah, daß die spanische Haushälterin die Blumen nicht vergessen hatte, und suchte ein Restaurant auf, das beste am Ort, wo man fließend deutsch sprach und ihn persönlich kannte. Wie jedesmal hatte sich einiges geändert. Neue Hotels und Restaurants waren entstanden oder hatten den Besitzer gewechselt. Von seinem Platz aus sah er durch die geöffnete Tür auf die Neonreklame einer Diskothek: ELDORADO funkelte es rot und gelb. Ein Moped knatterte vorbei. Zwei junge Frauen vom Nebentisch, eine schwarz, eine blond, schauten zu ihm herüber. Er hob sein Glas und prostete ihnen zu.

Diese lästige Liebe

Irina liegt krank im Bett. Ihr Körper glüht. Ihr Kopf hämmert. Ihr Kopf hämmert alle Gedanken tot.
Auf dem Nachttisch steht Vitaminsaft, Bronchialtee, Obst. Jan versorgt sie mit sanfter Freundlichkeit. Das Telefon ist leise gestellt.
Seit drei Tagen und drei Nächten liegt Irina in ihrem Bett und dampft, nichts als ein Stück krankes Fleisch.
Am vierten Tag kühlt sie ein wenig ab. Haut und Knochen beginnen sich zu ordnen. Sie tappt mit der Hand übers Deckbett zum Telefon. Kaum hat sie es laut gestellt, da klingelt es.
»Martin, ich bin krank. Mich besuchen? Ich bin sehr schwach. Gut, bis gleich.«
Sie jagt aus dem Bett, duscht sich den Krankenschweiß vom Körper, hüllt sich in Pullover, Schal und Strickmützchen. Ich sehe aus wie ein Schiffsjunge.
Da ist Martin schon.
Er küßt sie streng, umarmt sie nicht.
»Hast du Angst vor meinen Viren?«
»Ich habe keine Angst.«
Er läßt sich aufs Sofa fallen. Sie schmiegt sich neben ihn. Faßt seine Hand. Er rührt sich nicht. Sie legt seine Hand ab, steht auf und setzt sich in den Sessel gegenüber. Sie hätte sich schminken sollen. Die Kälte beginnt durch ihre Zehenspitzen in ihren Körper zu ziehen. »Ich muß wieder ins Bett.«
Sie geht ins Schlafzimmer, kriecht zurück unter die Decke, deutet neben sich auf das freie Kopfkissen. »Setz dich doch.«
Er setzt sich ans Fußende, unbequem auf die Ecke, den Unterkörper von ihr weg-, den Oberkörper zu ihr hingedreht.

»Eine ungewohnte Sicht.« Er betrachtet das Ölbild über ihrem Bett, von ihrer Großmutter gemalt, ein einsames Haus zwischen Feldern.

Sie betrachtet ihn, ein unbewegtes Gesicht wie aus Gips. Sie schiebt die Decke beiseite, rollt sich auf den Bauch und robbt auf den Unterarmen zu ihm hin.

»Du bist aber munter für eine Kranke.«

»Dein Besuch belebt mich.«

Wieder nimmt sie seine schwere ruhige Hand, streichelt sie. Küßt sie. Schmiegt ihre Wange hinein. Er rührt sich nicht. Sicher sehe ich lächerlich aus mit diesem Mützchen. Behutsam legt sie die Hand auf seine Knie. Sie mag, wie sich sein Körper durch den weichen Hosenstoff anfühlt.

Sie wendet sich ab, um über die breite Matratze zurück auf ihren Krankenplatz zu robben.

Er schnappt ihren Knöchel. »Willst du, daß wir ficken?«

Sie stockt. Das Ventil in ihrem Kopf springt auf, die totgeglaubten Gedanken rattern heraus.

Er kommt und geht wie er will. Besucht mich wie seine Stammhure. Er bringt nichts mit zu seinem Krankenbesuch, kein Obst so wie Jan, und dann will er ficken.

Und sie? Was will sie? Sie will seine Liebe spüren, diese unschuldig wilde Liebe von damals, als Jan sie verlassen hatte. Als Annabelle Martin betrog.

Er hält ihren Knöchel. Ihr Kopf beginnt zu schwitzen unter dem Mützchen.

Sie sahen sich jeden Tag. Jeden Tag. Bis Annabelle begriff, daß sie Martin verlieren könnte. Bis sie all ihre Weiblichkeit in die Wagschale warf und die elf Jahre ihrer Beziehung und den gemeinsamen Sohn.

»Hab Geduld, Irina. Bitte«, flehte Martin. Dann hörte sie nichts mehr von ihm. Kein Brief, kein Fax, kein Telefon holte ihn herbei. Und mit dem Warten wuchs die Wut.

Als er endlich wieder anrief, als er endlich kam, »ich habe dich so vermißt«, als er wie früher jeden Abend kam – nur nicht am Wochenende, das war für Annabelle reserviert mit ihren Vorrechten von elf Jahren Beziehung –, als er jeden Abend kam – nur nachts mußte er fort, die Nächte waren für Annabelle –, als er jeden Abend kam – oft nur für eine Stunde, der Rest gehörte Annabelle und dem gemeinsamen Sohn –, da tobte sie los, verwöhnte Prinzessin, da umarmte sie ihn, »wenn du gehst, brauchst du nie wiederzukommen«, da umarmte sie ihn, schob ihn weg, umarmte ihn, ließ ihn stehen, umarmte ihn, schrie ihn fort.

Dieser haßerfüllte Schmerz in seinem Blick.

Und irgendwann kam er nicht mehr.

Sie war ihn los.

Nicht aber ihre Sehnsucht. Die geisterte ihr nach wie ihr eigener Schatten, schlich sich ein in ihre Träume. Sie wachte auf und verlangte nach ihm. Wie schwer sie schleppte an dieser sinnlosen Sehnsucht. An dieser lästigen Liebe. Wie mürbe sie langsam wurde. Vielleicht rief er an. Vielleicht hielt er es nicht aus, so wie sie, die nun bereit war, ihn ohne Bedingungen zu lieben. Mit Annabelle. Mit Sohn. Ohne Wochenenden. Ohne Nächte. Armselig wie eine Bettlerin.

Als sie mit zahmer Stimme anrief, legte er auf. Sie rief an, er legte auf, sie rief an. Sie flehte: »Laß uns treffen, nur ein einziges Mal.« Er kam, strotzend vor Haß, um ihr das Herz blutig zu fetzen, das sie ihm hinhielt wie ein spätes Geschenk. Er zertrat ihr jedes Fünkchen Liebe.

Dann verließ er sie, und sie hatte endlich Ruhe.

Die Zeit verging. Eines Tages rief er an.

Sie war überrascht, irritiert, unwillig.

Sie hörte ihn stammeln: »Ich denke so oft an dich, Irina. Denkst du auch an mich?«

»Nein.«

»Können wir uns sehen?«

»Wozu.«

»Ich kann dich nicht vergessen.«

Es mißfiel ihr, daß sich das winzige Köpfchen Verlangen wieder zu heben begann, ängstlich zwar, aber eigensinnig.

Als sie sich trafen, fiel ihnen nichts ein, das sie sagen konnten. Ganz anders als damals, als sie begierig das Leben des anderen verschlangen. Alles wissen wollten.

Nun berichtete er. Nun erkundigte er sich nach ihrem Befinden. Nun lauschte er artig ihrer Antwort.

Wie leicht die Luft gewesen war zwischen ihnen, früher, als sie noch spielten und scherzten.

Im Bett war es überraschend vertraut. Wie ein Lieblingsfilm, den man ein zweites Mal sah.

Sie riefen einander an. Wenn Zeit war, kam er. Sie fickten, sie duschten. Er ging.

Keine herzzerreißenden Fragen mehr nach Annabelle: »Willst du mit ihr alt werden?« Keine nach Jan: »Was würdest du tun, wenn er zu dir zurückwollte?«

Ihre Liebe hatte etwas von demütiger Resignation. Von kraftloser Hingabe an das Unvermeidliche. Ein Abziehbild der Vergangenheit, ohne Zukunft.

Er hält ihren Knöchel. Diese plötzliche Spannung zwischen Fuß und Hand.

Sie dreht den Kopf, schaut ihn an. »Willst du, daß ich dich liebe?«

»Ich möchte ficken.«

»Ich bin zu krank zum Ficken.«

Seine Hand erschlafft, er läßt ihren Knöchel fahren. Enttäuscht und erleichtert kriecht sie zu ihrem Krankenplatz, zieht die Decke bis zum Hals.

Er richtet den Blick auf das einsame Haus zwischen den Feldern.

»Jan will zu mir zurückkommen«, sagt sie.

»Und du?«

»Ich denke nach.«

Da sitzt er am Fußende, unbequem auf der Kante, und schweigt.

Da liegt sie, schwitzend unter ihrem Mützchen, und denkt.

So nah, so fern

Schröder war davon ausgegangen, daß er bei Brit übernachten würde. Aber wegen einer wichtigen Klausur am nächsten Morgen wollte sie ganz für sich und allein sein.

Es war ein warmer Sommerabend, und er entschied sich, den Wagen gegen seine Gewohnheit stehen zu lassen und zu Fuß nach Hause zu gehen.

Er nahm nicht den direkten Weg über die breite, hell beleuchtete Autostraße, sondern zog es vor, den kleinen Umweg durch die Parkanlagen zu machen.

Es waren nur noch wenige Leute unterwegs, schlendernde Paare oder auch einzelne Männer, die zielstrebig ausschritten und sich manchmal urplötzlich in die Büsche schlugen. Schwule vielleicht, auf der Suche nach schnellem Sex, dachte er.

Er trug ein kurzärmeliges Freizeithemd, die laue Luft strich über seine Unterarme.

Er war ein wenig verstimmt. Brit nahm ihr Examen sehr ernst. Ihre berufliche Zukunft schien ihr wichtiger zu sein als die Beziehung zu ihm. Wenn sie plante, sprach sie immer nur von sich und ihren Zielen. Versuchte nie, ihre Wünsche mit den seinen zu verbinden.

Das habe ich davon, dachte er mit einem leisen Anflug von Bitterkeit, mich auf eine Fünfundzwanzigjährige einzulassen. Diese jungen Frauen sind unglaublich selbstsicher und autonom. Pausenlos demonstrieren sie, wie gut sie im Leben zurechtkommen. Man fühlt sich entbehrlich, unnütz, ungeliebt.

Manchmal verspürte er sogar einen Hauch Sehnsucht nach seiner gescheiterten Ehe, nach Georgia mit ihren Depressionen, die sich wie eine Ertrinkende an ihn geklammert hatte.

Weit voraus in der dunklen Ferne lief eine einzelne Gestalt vor ihm her.
Er war wohl ein wenig schneller als sie, denn er kam ihr, obwohl er nicht zügig ging, mit seinen langen Beinen ganz allmählich näher.

Vor zwei Jahren hatte er Brit im Café angesprochen. Sie saß am Nebentisch, und er beobachtete sie, wie sie konzentriert in irgendeinem Wissenschaftsschmöker las, die Stirn gekraust, den Stift zwischen den gespitzten Lippen, und von Zeit zu Zeit nachdrücklich eine Zeile unterstrich.
Es war sonnig schwül gewesen, und sie trug ein kurzes enges Hemdchen und einen verwirrend geschlitzten Rock, der ihre runden Schenkel freilegte.

Die Gestalt, die vor ihm lief, schien eine Frau zu sein. Ganz sicher war er sich nicht. Einmal war er einem blondhaarigen Wesen nachgegangen, und als sie sich umdrehte, zeigte sie ihm ihren Bart. Frauen und Männer werden sich zu ähnlich, dachte er. Die Rollen verschmelzen miteinander, man weiß gar nicht mehr, wie man sich verhalten soll.

Ja, jetzt sah er deutlich: Die rundliche Gestalt vor ihm mit ihren kurzen raschen Schritten war eine Frau.

Langsam sei es an der Zeit, fand er, daß Brit mit ihm zusammenzog. Über seine diesbezüglichen Andeutungen ging sie hinweg. Erwähnte höchstens, wie gern sie mit ihrer Freundin die Wohnung teilte. Doch wer sagte ihm, daß sie tatsächlich die Abende, an denen sie sich nicht sahen, mit dieser Freundin verbrachte?
Natürlich kannte er, Bernhard Schröder, seinen Wert. Er hatte ein angenehmes Äußeres, war charmant und gebildet und in Gelddingen großzügig. Zudem bot er Brit, die aus einer instabilen Familie kam, Dauer und Geborgenheit.
Er wollte jung mit ihr sein. Warum nur fühlte er sich in ihrer Gegenwart oft ausgesprochen alt?

Ein Windhauch zog durch das Laubwerk der Bäume, die ihre Zweige über ihn hinwegbogen. Das wilde Kraut am Rande des Weges duftete zu ihm hinauf.

Die Liebe, dachte er, öffnet alle Sinne. Und ein schmerzliches Sehnen erfaßte ihn. Noch nie hatte er einen solchen Drang zu Brit hin verspürt wie an diesem Abend, als er allein, ohne sie, durch den Park schlenderte.

Die rundliche Frau, die vor ihm herlief, war mittleren Alters, mit steifer Frisur.

Er legte einen Schritt zu, um sie zu überholen, denn es störte ihn, daß sie sich durch ihre Gegenwart immer wieder zwischen seine Gedanken drängte.

Wie reizvoll Brit war, mit ihren selbstbewußt wippenden Brüsten, mit ihrem mißmutig verzogenen Mund, als er sagte, er wolle noch bleiben. Es gingen viele Männer in der Wohnung ein und aus, Freunde, Kommilitonen. Es habe nichts zu bedeuten, sagte sie, er solle sich keine Gedanken machen. Sie müsse jetzt für die Klausur lernen, sagte sie. Ein kleiner Machtkampf entspann sich zwischen ihnen, aber schließlich ging er.

Der Abstand zwischen ihm und der Gestalt vor ihm verringerte sich kaum. Sie ging schneller als vorher, stellte er fest. Fast war es, als liefe sie vor ihm davon.

Allmählich begann sie ihm ernsthaft lästig zu sein. Ich muß sie loswerden, dachte er und überlegte, wie er – ohne hektisch zu wirken – an ihr vorbeikommen konnte. Da schaute sie sich um.

Er nahm nur die ruckartige Bewegung ihres Kopfes wahr, ihre Mimik konnte er nicht erkennen. Doch nun schritt sie hastig aus. Sah sich wieder um nach ihm. Ging noch schneller. Er glaubte, ihren gehetzten Atem zu hören.

Hatte sie etwa Angst vor ihm? So etwas Absurdes, dachte er unwillig und verlangsamte seinen Schritt. Sobald sie spürte, daß er zurückblieb, wurde auch sie langsamer.

Es war sehr ruhig. Er lauschte auf das knirschende

Geräusch der Schuhsohlen. Auf ihre unsicheren Tritte, die mal schneller, mal langsamer aufeinanderfolgten. Auf seinen eigenen festen Tritt, der unbeirrt den Takt hielt. So blieben sie eine ganze Weile etwa gleich weit voneinander entfernt.

Schröder sehnte sich nach einem späten Spaziergänger. Es quälte ihn, mit dieser Frau allein zu sein. Am liebsten hätte er ihr zugerufen: »Hören Sie auf mit dem Unsinn! Ich bin ein vollkommen harmloser Mann!«

Was läuft sie auch abends allein im Park herum, dachte er verdrossen.

Er beschloß, einfach an ihr vorbeizueilen, um sie hinter sich zu lassen. Doch sie schien seine Absicht, näher zu kommen, zu wittern, denn als er sich in Bewegung setzte, begann sie zu rennen.

Was für eine unerfreuliche Rolle, dachte er hilflos und drosselte seinen Schritt. Sie rannte ein Stück. Dann drehte sie den Kopf nach ihm um.

»Das ist ein Irrtum!« wollte er ihr zurufen. »Ich bin nicht der Vergewaltiger, vor dem Sie davonlaufen!«

Sie war nun weit voraus und hörte auf zu rennen. Er hoffte schon, sie los zu sein, aber da seine Beine länger waren als ihre, begann er sich gegen seinen Willen von neuem anzunähern.

Sie schaute sich um, sah ihn kommen, rannte kopflos, blieb schwer atmend stehen, rannte wieder.

Sie ermüdete ihn. Er mochte keine Rücksicht mehr auf ihre Ängste nehmen. Sie deutete ohnehin alles falsch. Er wollte nur noch an ihr vorbei und nach Hause.

Er schritt rasch aus. Sie rannte. Um sie zu überholen, begann er nun ebenfalls zu laufen. Sie rannte lächerlich wie ein flüchtendes Kaninchen.

Soll sie rennen, dachte er verärgert und lief in energischem Tempo hinter ihr her.

Seine Stimmung, seine Gedanken, den Duft der Kräuter – alles hatte sie ihm ruiniert.

Wie er so lief und ihr immer näher kam, schwenkte sie

plötzlich herum und stellte sich ihm in den Weg, die
Arme krampfhaft verschränkt.
Warum ging sie nicht beiseite? Sie blieb stehen, als er-
warte sie ihn. Sollte er etwa einen Bogen um sie machen?
Schon stieß er gegen sie. Abwehrend hob sie die Arme, es
war, als breite sie diese für ihn aus, es war, als wollte sie
ihn empfangen. Und er griff zu.
Was für ein starres Gesicht.
Eine wirre Erregung überkam ihn. Die Lust, sie zu schüt-
teln, sie zu schlagen, sie zu durchbohren.
Ihr steifer Körper wehrte sich nicht.
Da ließ er von ihr ab und stürmte davon.

Zu Hause rief er Brit an. Er mußte ihre Stimme hören. Sie
sollte wissen, wie sehr er sich nach ihr verzehrte. Minu-
tenlang ließ er es klingeln. Niemand hob ab.
Mit dem Taxi fuhr er den ganzen Weg zu Brit zurück.

Ihr Zimmer war beleuchtet, die Jalousien nur zur Hälfte
heruntergelassen.
Und da saß sie, die Brüste angestrahlt von ihrer Büro-
lampe. Er sah ihre flinken Hände, wie sie über die Tasten
des Computers liefen.
Behutsam trat er zurück ans Taxi und stieg ein.

Das Zimmer

Als Britta Neuhof-Brinkmann vom Wochenende bei ihren Eltern zurückkam und in das ruhige Seitensträßchen einbog, sah sie schon von weitem die heruntergelassenen Jalousien. Sieht aus, als wäre Wilfried verreist, dachte sie irritiert, aber er weiß doch, daß wir heute nachmittag wieder zu Hause sind.

Von einer eigenartigen Beklommenheit gepackt, schaltete sie in den ersten Gang hinunter, näherte sich sehr langsam dem stumm daliegenden Einfamilienhaus und hielt schließlich gegenüber der Garageneinfahrt.

Der kleine Ralf versuchte, sich aufgeregt krähend aus dem Kindersitz zu befreien.

»Warte, mein Schatz«, sagte sie, stieg aus und öffnete die Garagentür. Da stand Wilfrieds Opel.

Obwohl sie nun beruhigt sein konnte, blieb eine kleine Irritation. Wieso hatte er sämtliche Jalousien an diesem lichten Sonntagnachmittag heruntergelassen? Oder vielleicht am Morgen gar nicht erst hochgezogen?

Sie parkte neben dem Opel, schnallte Ralf ab, hob ihn aus dem Sitz und ließ ihn in den Garten rennen. Dann klappte sie den Kofferraum auf, nahm den vollgepackten Einkaufskorb heraus, durchschritt den Vorgarten und stieg die drei Stufen zur Eingangstür hinauf.

Das Sicherheitsschloß war offen, die Tür nur zugeworfen, also war Wilfried im Haus. Er schloß immer mehrmals ab, wenn er fortging. Britta, die manchmal zur Lässigkeit neigte, hatte gelegentlich vergessen, beide Schlösser abzuschließen, und Wilfried, sonst ein sanftmütiger Mann, war in einer Weise außer sich geraten, daß sie dachte: Hat er Probleme in der Firma, daß er dermaßen ausfällig wird?

Aber im nächsten Moment entschuldigte er sich für seinen Ton, und Britta vergaß die Geschichte.

Im Haus war es kühl. Sie schaltete die Flurlampe ein, hängte ihren Blazer in die Garderobe, trat ans Treppengeländer und rief halblaut in die obere Etage hinauf: »Wilfried! Wir sind zurück.«

Er schien sie nicht zu hören.

Bevor sie nach oben ging, stellte sie ihren Korb auf dem Küchentisch ab. Sie schnupperte. Ein ungewohnter Geruch hing in der Luft. Wilfried hat sich ein Steak gebraten und anschließend nicht ausreichend gelüftet, dachte sie ein wenig unwillig.

Sie zog die Jalousie hoch und öffnete die Terrassentür, um nach Ralf zu sehen, der im Sandkasten saß und friedlich mit seinem Plastik-Traktor spielte.

Dann packte sie aus. Das Obst aus dem Garten der Eltern legte sie in eine Glasschale, die Gurken und Zucchini kamen ins Gemüsefach, den von der Mutter gebackenen Brombeerkuchen, den Wilfried so gerne aß, teilte sie in gleich große Stücke, stellte Tellerchen und Tassen auf ein Tablett, legte das Besteck daneben, füllte den Wasserbehälter der Kaffeemaschine, schüttete Kaffee in den Filter und drückte auf »on«.

Nachdem sie so, wie jeden Sonntag, den gemütlichen Nachmittag vorbereitet hatte, trat sie zurück in den Flur und rief noch einmal, nun etwas lauter: »Wilfried, bist du oben?« und stieg, als keine Antwort kam, entschlossen die steile Holztreppe hinauf. Es war ganz still.

Sie steuerte als erstes auf das Schlafzimmer zu. Vielleicht hat er mal wieder Ärger in der Firma gehabt und sich gestern abend betrunken, dachte sie. Vielleicht hielten ihn kreisende Gedanken wach, so daß er erst heute morgen einschlief. Sie öffnete die Tür. Das Bett war wie unberührt. Die cremefarbene Tagesdecke mit den Volants war faltenfrei über die Kanten gezogen. Das war sonst nicht Wilfrieds Art, wenn sie ihn mal eine Nacht allein ließ. Immer sah sie die Spuren seines Schlafes, auch wenn er sich bemühte, sämtliche Decken ordentlich hinzuzupfen.

Sie zog die Jalousien hoch, öffnete die Fenster und warf einen Blick hinunter in den Garten, wo Ralf gerade mit vollen Händen Sand in seinen Traktor füllte.

Sie stellte das Fenster schräg und verließ das Schlafzimmer. Auf dem Weg zu Wilfrieds Arbeitszimmer warf sie einen kurzen Blick ins Bad. Rasierwasser, Rasierschaum, Hautöl for men, alles stand ordentlich an seinem Platz.

Vor Wilfrieds Arbeitszimmer zögerte sie einen Moment. Es war immer eine Art Heiligtum gewesen. Er hatte ihr verboten, es zu putzen, da er nicht ausstehen konnte, wenn seine Filzstifte und Kugelschreiber, sein Druckerpapier und seine vielen Bücher verräumt wurden und er nichts wiederfand. Da sie sich nicht ums Putzen riß, hatte sie nur lässig gesagt: »Gut, dann sorge du dafür, daß es nicht verwahrlost«, und sich nicht weiter um das Zimmer gekümmert.

Tatsächlich wuchtete er jeden Samstag den Staubsauger nach oben und sie hörte, während sie am Küchentisch hantierte, wie er über ihrem Kopf hin- und herfuhr.

Sogar die Fenster säuberte er, nachdem sie die blinden Scheiben moniert hatte.

Sie klopfte. Keine Antwort.

»Wilfried, bist du drinnen?«

Sie klopfte erneut, diesmal energischer.

Wieder nichts.

Sie zauderte einen Moment, denn noch nie in den acht Jahren ihrer Ehe hatte sie sein Arbeitszimmer ohne seine Einwilligung betreten. Sie respektierte seine Privatsphäre, die ihm lächerlich wichtig zu sein schien. Es fiel ihr nicht schwer, denn gegenseitiges Vertrauen sah sie als Fundament für das Gelingen einer Ehe. Immer klopfte sie an. Selbst wenn er »Ja?« rief, blieb sie im Türrahmen stehen, ein wenig amüsiert, und machte eine kleine humorvolle Bemerkung, wenn sie ihn hinter seinem Bildschirm kauern sah.

Sie klopfte ein drittes Mal.

Wieder nichts.

Nun öffnete sie die Tür.

Wie sie so ins dämmrige Zimmer schaute, in dieses Zimmer, das ihr so wenig vertraut war mit seinem schweren Schreibtisch, den hohen Schubladenschränken, den wohlgeordneten Papierstapeln, da hing etwas von der Decke, etwas Schweres Dunkles, das da nicht hingehörte, und mit einem wilden Schrei knipste sie die Hauptbeleuchtung an.

Die Halogenlampe flammte ihr gleißendes Licht durch den Raum, und da sah sie ihn, ihren Mann Wilfried, wie er an der Decke hing, mit offener Hose und aufgesperrtem Mund.

Schreiend lief sie zurück in den Flur, lief aus dem Haus und hinüber zur Nachbarin, und während sie ihr stammelnd erzählte, spürte sie, wie nun ihre Ehe in ihrer ganzen Armseligkeit ausgebreitet auf der Straße lag.

Die Nachbarin begriff nur: Er hat sich aufgehängt, und rief den Notarzt an.

Sagte dann: »Ich mach Ihnen einen Kaffee. Oder wollen Sie was Beruhigendes? Vielleicht eine Valium?«

Britta wollte nichts.

»Komisch«, sagte die Nachbarin, »er wirkte doch immer recht guter Dinge, Ihr Mann. Man merkte nichts von Depressionen.«

Da erinnerte sich Britta an die offene Hose.

Ich muß vor dem Arzt da sein, dachte sie, ich muß Wilfried den Reißverschluß zuziehen.

Sie warf einen Blick in den Garten, wo Ralf ungerührt spielte, offenbar hatte er nicht einmal ihr Geschrei gehört, sie stieg die Treppe hinauf, sie betrat zögernd von neuem das Arbeitszimmer, das ihr plötzlich wie eine Tarnung erschien für etwas anderes.

Da hing Wilfried an einem Lederhalsband, direkt neben der Deckenleuchte, die Gesicht und Oberkörper im Halbdunkel ließ, und sie sah die kurze Trittleiter zum Schreibtisch, von dem aus er den Schritt ins Leere getan hatte, sie sah seinen klaffenden Gürtel, das bereits leicht ergraute Bauchhaar, das weich heraushängende Glied, den dunklen Fleck auf dem Teppich, offenbar der letzte schmerzlich lustvolle Erguß.

Nein, ich kann nicht, dachte sie, ich kann diesen wächsern gelben Körperteil nicht in die Hand nehmen, um ihn zurück in die Hose zu stopfen.

Und nun schaute sie weiter, betrachtete die Dinge, die sie vorher nur flüchtig wahrgenommen hatte, all die merkwürdigen Instrumente, die Lederhalfter, Schnallen, Ketten, Zangen, eine spitz glitzernde fantasievolle Folterkammer bot sich ihr dar.

Als es klingelte, rannte sie hinunter. Der Notarzt reagierte gelassen.

»Der hängt schon seit gestern abend«, sagte er knapp, »da läßt sich nichts mehr retten.« Und er warf einen Blick auf die Folterinstrumente. »Es könnte was schiefgegangen sein. So was passiert immer wieder. Ist nicht mein Ressort. Ich ruf die Kripo an.«

Es kamen zwei Beamte, die gelangweilt notierten, was sie vorfanden.

Britta bat sie, diese schrecklichen Instrumente fortzuschaffen, sie wolle damit nichts zu tun haben. Aber die beiden meinten nur, sie solle zunächst nichts anrühren und den ganzen Kram, sobald die Sache geklärt sei, in den Müll werfen, sie selbst hätten auch keine Verwendung dafür.

Sie ließ die Kripo-Leute allein, holte Ralf aus dem Garten. »Wir essen heute bei der Nachbarin«, und fragte an, ob sie beide vielleicht diese Nacht bei ihr verbringen könnten.

Als der Kleine im Bett war, begann die Nachbarin zu erzählen. Nie sei ihr etwas Ungewöhnliches aufgefallen. Merkwürdig sei eine einzige Angelegenheit gewesen, eine Art Ritual, an das man sich mit der Zeit gewöhnt hatte: Sie, Frau Neuhof-Brinkmann samt Söhnchen fahren Samstag früh aus dem Haus. Herr Neuhof-Brinkmann lasse kurz darauf die Jalousien herunter, und so bleiben sie bis zum Sonntagnachmittag. Dann gegen vier, kurz bevor Frau und Sohn wieder auftauchen, ziehe er alle Jalousien hoch. Seit Jahren gehe das nun so. Anfangs habe man sich gefragt, was da in dem Haus passiere. Aber da offenbar außer Herrn Neuhof-Brinkmann kein weiterer Besuch zugegen war, auch nicht eine heimliche Geliebte, wie man natürlich zunächst angenommen hatte, nahm man die Mätzchen mit den Jalousien hin und machte sich keine weiteren Gedanken.

Nach einer Weile klingelte einer der Kripobeamten und bat Britta Neuhaus-Brinkmann um ein letztes vertrauliches Gespräch.

»Ein Fremdverschulden ist so gut wie ausgeschlossen«, sagte er, während sie in der Küche Platz nahmen. »Anscheinend lag nicht mal eine Suizid-Absicht vor. Vermutlich hat Ihr Mann unbeabsichtigt das Gleichgewicht verloren, als er, um sich zu stimulieren, vom Schreibtisch aus den Hals in die Schlinge legte. Das Zimmer ist versiegelt, es darf bis zum Abschluß der Untersuchung nichts angerührt werden. Die Leiche Ihres Mannes können Sie nach der Obduktion wieder in Empfang nehmen.«

Sie schaute zu, wie mehrere Beamte den Zinksarg mit dem Körper ihres Mannes, dieses Fremden, hinausschleppten.

Dann ging sie in die Küche, schaltete die Kaffeemaschine aus, kippte den Kaffee in die Spüle und warf den Brombeerkuchen in die Biotonne. Ich hätte ihn der Nachbarin geben sollen, so was Blödes. Aber nun lag er zerbröselt zwischen faulenden Salatblättern.

Geschirr und Besteck ordnete sie in den Schrank zurück.

Hier kann ich nicht mehr leben, dachte sie, ich muß das Haus verkaufen. Was erzähle ich meinen Eltern? Es war ein Unfall. Aus Versehen hängte er sich auf. Nein, dann lieber Selbstmord.

Acht Jahre, dachte sie, acht Jahre lebte ich mit ihm, acht Jahre aß ich mit ihm, verreiste ich mit ihm, gemeinsam erzogen wir unseren Sohn. Und ich wußte nichts von meinem Mann. Den triebhaften, den heimlichen, den finsteren Teil, den kannte ich nicht.

Und es grauste sie nicht wegen der Ketten und Handschellen. Es grauste sie die Erinnerung an ihn, wenn er sie umarmte.

Immer hatte sie geglaubt, sie sei nicht wirklich tiefer Gefühle fähig, nicht zu echter Nähe fähig. Jetzt wußte sie, daß er es war, dessen Gedanken und Gefühle nicht bei ihr gewesen waren. Daß er, während er sie zu berühren schien, in eine schwarze Fantasiereise hineinjagte, voller Blut und Geschrei. Hier und da blitzte es düster auf, eine winzige Schrecksekunde lang, die sie nicht merken durfte.

Die sie nicht merken wollte.

Er hatte Angst, daß ich sein finsteres Geheimnis entdecke, dachte sie.

Er hatte Angst, daß ich ihn verlasse.

Himmel auf Erden

Reinhold Maistetter war eine angenehme Erscheinung, jungenhaft schlank, dazu freundlich im Auftreten und sanftmütig im Wesen. Mit dreiundzwanzig Jahren heiratete er Beate, seine Jugendliebe, eine patente junge Frau, die als Finanzbuchhalterin im Fachhandel für Raumausstattung arbeitete. Während sie für ein regelmäßiges Einkommen sorgte, kümmerte er sich mit großem Eifer um den Haushalt und die beiden gemeinsamen Kinder.

Das einzige Problem war seine Mutter. Ständig lag sie ihm in den Ohren, es könne mehr aus ihm werden als ein Hausmann. Er habe doch Begabungen, die brach lägen. Dieser moderne Firlefanz, dieses Ausbrechen aus bewährten Traditionen sei doch völlig gegen die menschliche Natur. Ein schlapper Hausmann sei im übrigen kein Vorbild für die Kinder. Sollten denn die zwei Buben Hausmänner werden? Und dann die bescheidenen Lebensverhältnisse! Beate, seine Frau, verdiene doch nichts. Auf Dauer werde sie nicht mit ihm zufrieden sein. Frauen brauchten einen richtigen Mann, der die Familie ernährt.

So sehr Reinhold die Ohren auf Durchzug stellte – mit der Zeit begannen die Einflüsterungen seiner Mutter zu wirken. Dabei sorgte er sich nicht so sehr um die Meinung seiner Frau, von der er sich geliebt und begehrt fühlte. Auch seine eigene Rolle als haushälterischer Vater machte ihm wenig Kopfzerbrechen. Das einzige, womit seine Mutter ihn traf, waren die bescheidenen Lebensverhältnisse. Nur allzu gut erinnerte er sich an seine eigene Kindheit, in der es hinten und vorn nicht langte, da der Vater alles vertrank.

Ja, er hätte seine Familie gern mehr verwöhnt, ihnen ein großzügigeres Leben geboten als er selbst erfahren hatte.

Seine Frau klagte nie. Aber als er ihr eine Anzeige vorlegte und sagte: »Was hältst du von einem gutbezahlten kleinen Job? Ich wäre nur abends ein paar Stunden unterwegs«, da nickte sie und erwiderte: »Wenn du möchtest, probier es aus.«

So rief er bei der Agentur an und vereinbarte einen Vorstellungstermin. Die Dame verwickelte ihn in ein zweistündiges Gespräch, man sprach über Politik, über wirtschaftliche Zusammenhänge, über Kunst und Literatur und allgemeine gesellschaftliche Fragen. Da er das Abitur besaß und ein paar Semester herumstudiert hatte, wußte er überall gescheit mitzureden und seine Bildungslücken elegant zu überspielen. Als sie ihn nach seinen persönlichen Hobbys fragte, erzählte er freimütig von seiner Freude am Kochen, am Umgang mit Kindern, berichtete von seinem regelmäßigen Training in der Volleyballmannschaft und von den Tangokursen, die er mit seiner Frau besuchte.

Dann fragte er zurück, erkundigte sich nach den Besonderheiten des angebotenen Arbeitsplatzes, und die Dame schilderte ihm mit knappen Worten, was seine Aufgaben seien.

Wie er es erwartet hatte, schien die Dame von ihm angetan. »Entscheidend für mich ist: Sie können zuhören. Die Frau, die eine Begleitung sucht, will keinen sich spreizenden Gockel, sondern einen einfühlsamen Menschen, der an diesem Abend ausschließlich für sie und ihre Bedürfnisse zuständig ist. Wenn wir zum Vertragsabschluß kommen, müßten Sie allerdings damit einverstanden sein, sich auf Ihre eigenen Kosten neu einzukleiden. Saubere gepflegte Jeans reichen nicht. Eine unserer Mitarbeiterinnen begleitet Sie gerne in ein Modehaus. Am Anfang genügen vier Anzüge, zwei für den Sommer, zwei für den Winter, je ein konservativer und ein legerer. Das ist Ihre Investition, darum kommen Sie nicht herum. Dazu ein Dutzend Hemden und Krawatten, aber auch mehrere seidene Rollkragenpullover in Schwarz und Grau. Beige steht Ihnen nicht.«

Reinhold erfuhr, daß er persönlich nichts mit der Abrechnung zu tun habe, nur das Trinkgeld sei seine Sache. Man werde einen Vertrag über drei Monate abschließen. Wenn alle Seiten vollauf zufrieden seien, könne man über einen Jahresvertrag nachdenken. Die Agentur setze das Honorar fest und behalte für ihre Unkosten eine Provision von fünfzig Prozent ein. Außer ihm gebe es noch acht weitere Mitarbeiter. Der Begleit-Service für Frauen sei eine expandierende Branche und die Nachfrage groß. Gerade die moderne Karriere-Frau, ob verheiratet oder nicht, suche für ihre diversen beruflichen Anlässe die jeweils passende männliche Begleitung. Von den zahlreichen Service-Agenturen, die aus dem Boden geschossen seien, setzten sich allerdings nur wenige durch, denn die Grenze zur Unseriosität sei fließend.

Die Dame schaute ihn scharf an: »Sie werden zwangsläufig in heikle Situationen geraten ...«

Als Reinhold schwieg, fuhr sie fort: »Es gibt Damen, die auch Ihre Fähigkeiten als Liebhaber in Anspruch nehmen möchten.«

»Und was tue ich dann?«

»Dann sagen Sie freundlich bestimmt: nein. Wir sind ein angesehenes Unternehmen, Herr Maistetter. Wenn etwas Unziemliches über Sie bekannt wird, ruiniert das unseren guten Ruf, und Sie fliegen umgehend raus.«

Das war Reinholds Einstieg in die Branche.

Mit wacher Neugierde ging er an die Arbeit, und in kurzer Zeit hatte er eine Reihe von Stammkundinnen, die immer wieder seine Begleitung verlangten, da sie sich respektiert und gut aufgehoben fühlten. Er lernte sich auf ungewohntem Terrain zu bewegen, auf Kosmetik-Messen, bei Sanitär-Tagungen und Gynäkologen-Kongressen, lernte, seine Meinung auf zurückhaltende Weise kundzutun, seine Kundin behutsam zu stärken, ohne sich in den Vordergrund zu spielen, – kurzum, er wurde so beliebt, daß er immer wieder Termine absagen mußte, um überhaupt noch einen Abend für seine Frau frei zu haben.

Seine Tätigkeit hätte ihm rundum gefallen, wenn er nicht – wie er schon befürchtet hatte, – immer häufiger Ziel weiblicher Gelüste geworden wäre.

Mit seiner wohlwollenden Ausstrahlung, seinen freundlichen Augen, seiner humorvollen Verspieltheit, seiner Fähigkeit, Wünsche zu erspüren, seinem unaufdringlichen Selbstbewußtsein stimulierte er in den abgebrühtesten Geschäftsfrauen Bedürftigkeiten, die sie wohl selbst nicht erwartet hatten.

Sich gegen weibliche Liebesattacken zur Wehr zu setzen, kostete ihn jedesmal viel Kraft, denn es begeisterte ihn, daß diese verschlossenen Blumen, die sich noch nie einem Mann mit Freude hingegeben hatten, ihn, Reinhold Maistetter, so sehr begehrten.

Nach den drei Monaten Probezeit wurden sein Vertrag verlängert und sein Honorar erhöht.

Kurz darauf erlahmte seine energische Abwehr. Frau Leineweber, Managerin eines florierenden Video-Vertriebs, eine ernste und kühle Erscheinung, ließ ihn wissen, daß sie nur noch ihn als Begleitung wünsche, und nach einer gemeinsam überstandenen Messe, bei der es zu einem wichtigen Vertragsabschluß gekommen war, gestand sie ihm verschämt, sie habe noch nie einem Mann Avancen gemacht, Sex sei ihr immer lästig gewesen und ihre Ehe ein Fiasko. Dann errötete sie und begann zu stammeln, er, Reinhold Maistetter, sei so ... ob er vielleicht ... sie wolle sich ja nicht ... aber trotzdem ... selbstverständlich werde sie schweigen, als sei nichts geschehen ... sie heiße übrigens Marion.

Welcher Mann mit Herz hätte dem widerstehen können?
Er verbrachte ein paar gut honorierte Stunden mit ihr, und sie versprach absolutes Stillschweigen.

Aber nun war eine Schallmauer durchbrochen und Reinhold ließ ab, sich zu zieren. Die zusätzlichen Honorare waren ihm willkommen.

Er hatte nicht mit Frau Leinewebers Eifersucht gerechnet. Offenbar hatte die Dame geglaubt, sich Exklusiv-Ansprüche erworben zu haben, denn sie setzte einen Detektiv auf ihn an, der ihn mit einer anderen Kundin in zärtlichem Tête-à-tête erwischte. Umgehend teilte Frau Leineweber die Angelegenheit seiner Chefin mit. Reinhold, der kein geübter Lügner war, verteidigte sich halbherzig und wurde prompt entlassen.

Kleinlaut gestand er Beate, seiner Frau, was geschehen war. Er verschwieg auch den Grund seines Rauswurfs nicht.

»Du weißt ja, mit Gefühl hat das alles nichts zu tun«, versuchte er sie eilends zu beschwichtigen, »diese Managerin tat mir leid. Ich fühlte mich wie ein Arzt oder Therapeut, der seine Patientin heilt. Ein hübsches Erfolgserlebnis. Nicht anders war es bei den übrigen Kundinnen.« Beate seufzte, sie habe so etwas erwartet. Schließlich kenne sie ihren Mann, der solchen Versuchungen, trotz bester Absichten, nicht gewachsen war. Für ihre Gelassenheit liebte er sie um so mehr.

Aber nun waren sie beide auf den Geschmack des leichten Geldausgebens gekommen. Es hatte doch viel für sich, nicht jeden Pfennig umdrehen zu müssen.

»Frag bei der Konkurrenz nach«, schlug Beate vor, »deine Qualitäten als Begleiter haben sich bestimmt herumgesprochen.«

»Der Grund meines Rauswurfs auch«, murmelte er. Im übrigen trug er sich mit einer neuen Idee. Daß er ein so begnadeter Liebhaber war, hatte er nicht geahnt. Gut, seine Frau war immer zufrieden gewesen. Aber es war doch ein erhebendes Gefühl, auch noch andere Frauen – schwierigere als sie – beglücken zu können. Da ihn Heimlichtuerei auf Dauer anstrengte, beschloß er, in aller Offenheit mit seiner Frau über sein berufliches Weiterkommen zu diskutieren.

»Ich könnte mich selbständig machen«, sagte er vorsichtig bei Kerzenschein und Rotwein, »Existenzgründer werden vom Staat gefördert. Und warum sollen wir all die schöne Provision einer fremden Agentur überlassen? Du, mein Schatz«, fuhr er mit glänzenden Augen fort,

»könntest deinen Job aufgeben und meine Tätigkeit verwalten. Wir richten dir ein Büro in unserer Wohnung ein. Nach sechs, sieben Jahren konzentrierter Arbeit würden wir uns dann aus dem Geschäft zurückziehen und andere für uns arbeiten lassen.«

Das alles klang verlockend für Beate, die schon seit langem unzufrieden mit ihrem Job war, bei dem sie sich unterfordert und unterbezahlt fühlte.

»Noch was«, sagte er sanft, griff ihre Hand und küßte sie, »wir könnten uns für die seriöse Art entscheiden wie die Agentur, bei der ich angestellt war. Allerdings«, er nahm einen kräftigen Schluck Rotwein, »würden wir schneller mehr verdienen, wenn ich mich auch auf die körperlichen Wünsche der Kundinnen einließe. Keine Sorge, Schatz, es ist nur ein Vorschlag. Wenn du nein sagst, ist das für mich erledigt. Dein Nein nehme ich ernster als das meiner ehemaligen Chefin.«

Darüber wollte Beate nachdenken.

»Angst bräuchtest du nicht zu haben«, sagte er, »meine Aufgabe besteht lediglich darin, die Frauen zu lockern. Ihnen ein wenig Freude zu schenken. Es ist ein Job wie jeder andere auch. Es hat wenig mit Geilheit zu tun und nicht das geringste mit Liebe. Dich liebe ich.« Er sagte das mit einer so überzeugenden Inbrunst, daß Beate – schon aus Dankbarkeit – antwortete: »Wir könnten es probieren.«

»Ich verspreche dir, sofort aufzuhören«, sagte er, »wenn du mit der Sache nicht zurechtkommst. Im übrigen hättest du, wenn du unsere Buchführung übernimmst, alles unter Kontrolle. Du kennst die Namen, die Zeiten, das Geld. Du hast meine Telefonnummer – kannst sogar eingreifen, wenn es nötig ist. Das sollte dir eine gewisse innere Sicherheit geben. Mein Beruf darf auf keinen Fall dein Vertrauen in mich untergraben. Wenn du möchtest, erzähle ich dir regelmäßig und ausführlich von meiner Arbeit.«

Beate war einverstanden. Vielleicht versprach sie sich auch ein wenig Aufregung von ihrem neuen Job, der so viel abenteuerlicher sein würde als ihre bisherige Arbeit.

Die Vorbereitungen machten beiden große Freude. Gemeinsam entwickelten sie den Firmennamen. »›Himmel auf Erden – Begleitservice für Damen‹, das klingt romantisch«, sagte Reinhold. »Obwohl manche Frauen sehr direkt sind in der Formulierung ihrer Wünsche, bevorzugen die meisten eine poetische Umschreibung des geschäftlichen Aspektes.«

Sie mieteten ein diskretes Appartment in einem anonymen Wohnblock im Stadtzentrum. Verwaltet durch eine Gesellschaft zeichnete er sich durch eine große Mieter-Fluktuation aus. Es würde wohl kaum Ärger mit moralisch entrüsteten Nachbarn und Hauseigentümern geben.

Dennoch ließen sie vorsorglich den ›Himmel auf Erden‹ am Klingelschild weg und beschränkten sich auf den unverfänglichen ›Begleit-Service‹.

Beate, die einen künstlerischen Geschmack besaß, richtete das Appartment im orientalischen Stil ein: ocker-gestupfte Wände, gobelin-überzogene Sesselchen mit Goldtroddeln und handgewebten Kelimkissen, fein ziselierte, bunt verglaste Lampen, lurexdurchwirkte Vorhänge, die prächtig über den Boden schleiften – und das Wichtigste: ein überdimensionales Himmelbett mit üppig gerüschtem, gerafftem Baldachin.

Da Reinhold sich in der Branche bereits einen Namen gemacht hatte, mußte er sich nicht mit einer flauen Einstiegszeit plagen. Viele seiner Stammkundinnen, vor allem diejenigen, die schon in den Genuß seiner Liebesdienste gekommen waren, kündigten umgehend ihren Vertrag mit der Agentur und liefen zu ihm über.

Beate schaltete zusätzlich Anzeigen in diversen Blättern, die weitere Kundinnen aufmerksam machen sollten.

Sie boten zwei Dienstleistungs-Pakete an, die variiert oder miteinander verbunden werden konnten. Erstens: Begleit-Service für Damen zu offiziellen oder privaten Anlässen zuzüglich Vorgespräch von einer Stunde. Zweitens: Verwöhn-Abend für Damen, inklusive persönliches Vorgespräch von einer Stunde, zuzüglich eine reiche Auswahl diverser Extras wie Massage, Rollenspiel, Tantra-Übungen etc. Im Preis enthalten eine Flasche Champagner oder ein exquisiter Wein nach Wahl.

Mit Freude und Engagement gingen Reinhold und Beate an ihre Arbeit.

War Reinhold anfangs noch als einfacher Begleiter und Gesprächspartner gefragt, so verschob sich sein Schwerpunkt immer mehr zugunsten der körperlichen Liebe.

Nicht nur das persönliche Vorgespräch, sondern auch ein aktueller Aids-Test fundierten das Vertrauensverhältnis zwischen ihm und der Kundin, auch wenn Reinhold grundsätzlich und ausdrücklich nur mit Kondom arbeitete.

Engagierte man ihn zunächst nur stundenweise, so weitete sich das Interesse auf ganze Wochenenden aus – ja es gab Kundinnen, die ihm Kurztrips in die Karibik oder auf die Bahamas anboten. Nach Rücksprache mit Beate ließ er sich darauf ein. Es war einfach ein unglaublich lukratives Angebot, das man nicht leichtfertig ausschlagen sollte. Auf mehr als zehn Tage pflegte er sich allerdings nicht zu verpflichten. Er wollte verhindern, daß Beate sich vernachlässigt fühlte, weil sie über der Buchhaltung brütete, während er in Champagner badete.

Erstaunlich war für Reinhold, wie befangen die meisten seiner Kundinnen – ausschließlich gepflegte und emanzipierte Frauen – ihren Körper wahrnahmen, unabhängig vom Alter. Verzagt wiesen sie ihn auf die zu winzigen oder zu schlaffen Brüste hin, auf die zu staksigen oder zu plumpen Beine, auf die zu knochigen oder zu derben Hüften, auf die zu wilden oder zu dünnen Haare, auf die Fältchen am Hals, die Dellen am Po, die breiten Hände, die kurzen Zehen – kurzum, es gab nichts, das dem kritischen Blick dieser beruflich so erfolgreichen Frauen gewachsen war.

»Schauen Sie«, pflegte er dann lächelnd zu sagen, »ich bin auch keine Schönheit«, und er preßte seine vom

Wein und Champagner dicklich gewordene Mitte zu einer Falte, zeigte seine unmännlich abfallenden Schultern, seinen Glatzenansatz, sein eher zierliches Geschlechtsteil, kehrte dann zu den Makeln seiner jeweiligen Kundin zurück und klagte: »Ihr armen ungeliebten Brüste, hängt traurig da« oder: »Du armer Po, bist so fest und süß, aber deine Besitzerin mag dich nicht!« So brachte er seine Kundinnen zum Lachen, bevor er begann, die beanstandeten Körperteile mit Küssen zu verwöhnen. Zudem fand er an jedem Körper, so unvollkommen er auch sein mochte, etwas besonders Reizendes, etwas besonders Begehrenswertes, und die Frauen, unterversorgt mit Komplimenten, sogen seine Lobgesänge dankbar auf. Immer wieder staunte er, wie bescheiden seine Kundinnen waren. Er mußte gar nicht viel tun, nur loben und küssen.

Sein Schwanz mit seinem tapferen Durchhaltevermögen war zu seiner Überraschung bei vielen Frauen kaum gefragt. Und manch eine der Damen machte sich deshalb zartfühlende Sorgen um sein emotionales Gleichgewicht. Er pflegte scherzhaft zu antworten: »Wenn mein Selbstbewußtsein mit meinem Schwanz stehen und sinken würde, wie es bei vielen Männern der Fall ist, dann hätten wir jetzt in der Tat ein Problem.«

Aber natürlich gab es auch robustere Naturen, für die sein seelisches Wohlbefinden vollkommen unerheblich war. Nach einem halben Leben des Experimentierens, erklärte eine von ihnen, sei sie endlich so weit, daß sie ihre sexuellen Bedürfnisse genau kenne. Sie habe bezahlt und sei nun an nichts anderem interessiert als diese zu befriedigen.

»Dafür bin ich da«, erwiderte Reinhold mit sanfter Stimme.

Nichts fiel ihm leichter als Damen wie diese zufriedenzustellen. Bei ihr mußte er keine komplizierten Spiele entwickeln. Sie nannte ihre empfindlichen Stellen, sie bestimmte die Art der Stimulation, sie legte das Tempo fest.

Eine andere erzählte vorwurfsvoll, sie habe ihren G-Punkt nie gefunden, ihr Mann sei so ungeschickt, Reinhold möge ihr bitte bei der Suche behilflich sein.

Viele klagten über ihre Männer. Sie seien trotz aller Aufklärung in den Medien zu hastig, zu lahm, zu unzärtlich, zu schematisch, zu fantasielos. Und immer gleich beleidigt, wenn man nicht tat, was sie wollten. Doch das Schlimmste: Sie merkten nichts. Man wollte ja nicht alles aussprechen müssen. Und wenn man es dennoch tat, hatte es eher den entgegengesetzten Effekt und man fühlte sich verpflichtet, das geschrumpfte Ego des Gatten durch geheuchelte Begeisterung wieder aufzurichten.

Kein Wunder, daß Reinholds stabiles Selbstwertgefühl sich noch einmal mehr zu recken begann.

Die Unersättlichen überforderten ihn ebensowenig wie die Zaghaften. Er nutzte dann einfach die Gelegenheit, seinem männlichen Trieb unbekümmert freien Lauf zu lassen, er konnte dreimal, er konnte viermal, und wenn eine ganze Nacht zur Verfügung stand, noch öfter. Wenn sein Schwanz sich begehrt fühlte, zeigte der Gute umgehend Bereitschaft. Doch nie jagten seine Lüste ungebührlich mit ihm durch, während seine Partnerin leer ausging. Die treue Verläßlichkeit seines Geschlechtsteiles machte Reinhold auf bescheidene Art stolz.

Nicht einmal die telefonische Frage nach seinen Maßen erschütterte ihn. Er pflegte dann schmunzelnd zu antworten: »Er ist dreiundzwanzig Zentimeter lang und sehr dick.« Nur selten geschah es, daß eine Frau vom Vertrag zurücktrat, weil sie sich Reinhold anders vorgestellt hatte. Männlicher. Haariger. Schöner. Umgekehrt: Immer wieder erstaunte ihn das Ausmaß weiblicher Unsicherheit.

Nicht nur die körperlichen Mängel wurden ihm unermüdlich aufgezählt – nein, viele Kundinnen zweifelten auch an ihrem erotischen Talent, insbesondere an ihrer Fähigkeit, im richtigen Moment das Richtige zu empfinden. Jahrelang wurde da geackert, ohne daß man sich nur entfernt dem annäherte, was man sich unter rauschhafter Extase vorstellte. Manche waren mit fünfundvierzig Jahren im Bett schüchtern wie eine Fünfzehnjährige oder von einer plumpen Dreistigkeit, um ihre Hemmungen zu überspielen.

»Keine Hektik«, pflegte er dann lächelnd zu sagen. »Wir haben unendlich Zeit.« Oder: »Lassen Sie uns einfach herumspielen. Wir müssen niemandem irgend etwas beweisen.« Die Ängstlichen beruhigte er: »Es passiert nichts, was Sie nicht wollen. Dies ist allein Ihr Abend. Ich bin ausschließlich für Sie und Ihre Wünsche zuständig.«

Er scherzte und alberte, um die Frauen zu entspannen und den kritischen Notengeber in ihrem Kopf auszuschalten, er ließ sich Träume erzählen und erste Sex-Erlebnisse, enttäuschende und erregende, er verwöhnte mit Massage-Orgien, mit endlosen Entblätterungsspielchen, – kurzum, er hatte keinerlei Regel und Methode, sondern überließ sich abenteuerlustig und aufgeschlossen allem, was da kam.

Nicht einmal Silvia schreckte ihn.

Silvia war eine üppige rotblonde Betriebswirtin, aufreizend gekleidet, laszif in den Bewegungen, und sie sagte ihm gleich mit ihrer rauhen Stimme: »Ich bin übrigens frigide.«

Er lächelte sie neugierig an: »Wie merken Sie das?«

»Ich fühle nichts.«

»Gar nichts?«

»Nein.«

Er nahm ihren Zeigefinger, küßte die Spitze und hielt ihren Blick fest.

»Geben Sie sich keine Mühe. Sie werden mich nicht rumkriegen«, sagte sie, »Sie können machen, was Sie wollen.«

»Ich mache, was Sie wollen.«

»Ich will nichts.«

»Und was wollen Sie nicht?«

»Sex.«

»Und was noch nicht?«

»Ich will nicht bedrängt werden, beschlabbert, abgeknutscht. Das ist nichts für mich.«

»Und warum sind Sie hier?«

Sie schaute ihn mit gerunzelter Stirn an: »Mich interessiert, wie Sie es anstellen, mich zu verführen.«

»Rein intellektuell.«

»Ja.«

»Aber zeigen soll ich es Ihnen.«

»Natürlich.«

Amüsiert küßte er ihr Handgelenk, ihre Handinnenfläche, die sie ihm skeptisch ließ.

Sie legte es darauf an, ihn impotent zu machen, und es gelang ihr. Triumphierend betrachtete sie sein eingeschrumpftes Glied, und er sagte lächelnd: »Sehen Sie, ich bin auch nur ein Mensch. Wer weiß, was man mit Ihnen angestellt hat, daß Sie so gar keine Freude an Zärtlichkeiten haben.«

Da brach sie unvermittelt in Tränen aus und gestand ihm die schreckliche Geschichte mit ihrem Stiefvater, der sie als Mädchen viele Jahre mißbraucht und so ihre Lustfähigkeit mit Stumpf und Stil ausgemerzt habe. Ihr Liebesleben sei trotz zahlreicher Psychotherapien völlig lahmgelegt.

Nun war Reinhold in seinem Element. Er gab sein Bestes, um ihr wenigstens einen Hauch leiblichen Vergnügens zu vermitteln. Dabei mußte er die Wechselbäder von verführerischem Charme, plötzlicher schneidender Kälte und Ausbrüchen von zorniger Raserei aushalten.

Silvia war nicht die einzige Frau, die schwer an ihrem Körper trug.

Reinhold hatte immer geglaubt, das Thema »Mißbrauch« sei in den Medien nur aus Gründen der Auflagen- und Quoten-Steigerung breitgewalzt worden. Nie hätte er für möglich gehalten, daß tatsächlich so viele Frauen von Vätern, Brüdern, Nachbarn und Fremden belästigt, mit Worten entwertet oder gar tätlich mißhandelt worden waren und nun mit hochempfindlichen Antennen ihre Grenzen gegen verbale oder physische Übergriffe bewachten. Bereits eine zarte, aber unerwünschte

Berührung konnte einen automatischen Totstell-Reflex auslösen.

Es galt also, die natürlichen Sehnsüchte der Haut wiederzubeleben und zu stärken. Das war nicht immer einfach. So wie bei Marina, die ihr erstes sexuelles Erlebnis vor zweiunddreißig Jahren nicht verkraftet hatte und immer gleich in Tränen zerfloß, wenn Reinhold sich ihr zärtlich näherte. Der Mann, in den sie sehr verliebt gewesen war, hatte sie mitten im Liebesakt angebrüllt, nur eine Hure lasse sich derart gehen. Er flüchtete aus dem Bett und ließ sich nie wieder blicken. Von da an war ihre Quelle der Begierde versiegt.

Reinhold liebte sie alle, diese Frauen, und auch er fühlte sich von ihnen geliebt.

Doch dann, auf dem Höhepunkt seiner Karriere, geschah das Unfaßliche.

Nach einer Venedig-Woche mit Silvia kam er ruhebedürftig zurück nach Hause und fand eine leere Wohnung vor. Das einzige, das mitten auf dem Teppichboden lag, war ein computergetippter Brief, unterschrieben von Beate.

»Lieber Reinhold«, schrieb sie, »Ich fühle mich von dir als Frau und als Mensch nicht mehr wahrgenommen. Auch deine Kinder sehen dich kaum noch. Du bist nur für deine Kundinnen da. Ich ziehe die Konsequenzen und trenne mich von dir. Keine Sorge – ich möchte deine Karriere, von der ich und die Kinder ja auch profitieren, nicht zerstören. Ich werde mich also weiterhin um die Buchführung kümmern. Ich lege keinen Wert auf eine persönliche Begegnung. Alles läßt sich per E-Mail, Fax oder notfalls auch telefonisch erledigen.«

Als er in fliegender Hast die angegebene Telefonnummer wählte, war da nur der Anrufbeantworter mit Beates Stimme: »Begleitservice Himmel auf Erden. Guten Tag. Bitte sprechen Sie Ihre Wünsche nach dem Signalton auf Band. Vergessen Sie nicht Ihre Telefonnummer anzugeben. Wir rufen umgehend zurück.«

Das Aas, dachte er in hilfloser Wut, da hat sie sich, ohne daß ich etwas merkte, ein neues Büro aufgebaut. Sie hat mich hintergangen, während ich immer fair zu ihr gewesen bin. Warum hat sie nichts gesagt? Mich nicht gewarnt? Wir hätten irgend etwas verändern können. Notfalls hätte ich den Job aufgegeben, so wie ich es ihr versprochen habe.

Gegen seinen Willen fiel ihm ein, daß sie eine Zeitlang erwähnt hatte, sie würde gern Urlaub mit ihm machen. Er hatte sie immer wieder vertröstet, bis sie mit ihren Bitten aufhörte. Wenn er ehrlich war, war ihm das ganz recht gewesen. Zum ersten Mal in seiner Ehe hatte er sich gefragt, was sie im Urlaub miteinander anfangen könnten. Sollte er Beate Italiens Kulturerbe vorführen, das er mit Silvia kennengelernt hatte? Sollte er mit ihr in Rosenblättern baden wie mit Gerlind? Sich mit ihr an einem karibischen Strand aalen wie mit Mirinda? Eine Kreuzfahrt durchs östliche Mittelmeer unternehmen wie mit Lisa? Alles war bereits besetzt. Er hätte gerne eine jungfräuliche Aktivität mit Beate gehabt, etwas Unberührtes, das nicht an Geschäft erinnerte. Hinzu kam, – und die Schuldgefühle übermannten ihn plötzlich mit Wucht – daß er immer weniger Lust gehabt hatte, mit Beate zu schlafen. Nach all der Arbeit, die er täglich mit den Kundinnen absolvierte, war er sehr zufrieden gewesen, daß Beate ihn nach ein paar harmlosen Verführungsversuchen in Ruhe ließ.

Warum hat sie sich nichts einfallen lassen, dachte er mit einem ungewohnten Anflug von Zorn, ich rackere mich ab, um ihre Geschlechtsgenossinnen in Stimmung zu bringen, und sie meint, sie müsse nur ein wenig den Hintern schwenken, und ich fahre auf sie ab wie ein junger Hengst. So einfach ist das nicht.

Und er versank in trübes Selbstmitleid.

Am nächsten Tag hatte er Halsweh, Kopfweh, Schnupfen, Husten – kurzum alle Anzeichen einer Grippe. Er sprach Beate auf Band, er fühle sich miserabel, ob man sich nicht doch zu einer Aussprache treffen könnte.

Es kam keine Antwort. Da ergab er sich in seine Grippe und sagte alle Termine für die nächsten zwei Wochen ab.

Da er niemanden hatte, mit dem er über seinen Zustand reden konnte, steigerte er sich immer mehr in schlechte Stimmung, beschimpfte Beate, sie lasse ihn im Stich, er hasse sie, wie er noch nie einen Menschen gehaßt hatte. Gleich darauf brach er in Schluchzen aus, immer das Telefon am Ohr, und wenn die Sprechzeit abgelaufen war, wählte er gleich neu und jammerte weiter. In den wenigen klaren Momenten fragte er sich schockiert, wo sein Charme geblieben war, sein Humor, seine Fähigkeit zu verführen – jetzt wären sie angebracht, jetzt, wo es darum ging, seine eigene Frau zurückzuerobern. Er stellte sich vor, wie er auf ihr Band schnurren würde: »Ach, Schatz, ich verstehe dich ja. Laß es uns noch einmal versuchen ...« Aber jedesmal, wenn er anrief und Beates unerbittlich sachliche Stimme am Ohr hatte, brachen wieder Vorwürfe und Klagen aus ihm heraus.

Natürlich hätte er versuchen können, ihre Adresse ausfindig zu machen. Aber ihre Distanz war so erschreckend konsequent, daß er fürchtete, er werde zusammenbrechen, wenn er ihr Auge in Auge gegenüberstand und ihre eisige Kälte spürte.

Auf einmal verstand er die Männer, die im Affekt ihre Frauen umbrachten, wenn sie sich unerwartet und grundlos von ihnen trennten.

Wahrscheinlich hat sie einen Geliebten, dachte er plötzlich. Der Schock schoß ihm in die Eingeweide. Er begann, sich mit Vorstellungen zu quälen, was dieser Mann Besonderes an sich hatte, daß Beate, seine Beate, die er liebte, ja, nach wie vor leidenschaftlich liebte, daß sie ihn, Reinhold, ihren angetrauten Ehegatten, so mir nichts dir nichts im Stich ließ. Nach kurzer Zeit war er derart am Ende, daß er sich nach einer Psychotherapie erkundigte, so wie er es manchen seiner Kundinnen empfohlen hatte. Dann müßte er nicht alles, was in ihm vorging, Beates Anrufbeantworter mitteilen, der nie antwortete.

Irgendwann rief seine Mutter an, und er erschrak. Man hatte sie – wie auch die Kinder – nie wirklich über seine Tätigkeit aufgeklärt. Doch da sie wenig Fantasie besaß, hatte sie sich mit dem wohlklingenden Wort »Begleitservice« und ein paar genuschelten Erklärungen zufrieden gegeben.

An der Art, wie seine Mutter sich nach seinem und dem Befinden von Beate und den Kindern erkundigte, begriff er, daß sie keine Ahnung von der Entwicklung der Dinge hatte.

Das beruhigte ihn ein wenig, denn ein neues Streitthema mit seiner Mutter hätte ihm noch gefehlt. So ließ er die gewohnten kleinen Nörgeleien erleichtert über sich ergehen.

Nachdem die vierzehn Tage herum waren, kam ein Fax, sachlich, unpersönlich, unterschrieben mit B. Es seien jede Menge Anfragen, er möchte bitte die Termine wahrnehmen. Er faxte zurück, er fühle sich nicht imstande zu arbeiten, er brauche noch einmal zwei Wochen.

Diese beiden Wochen nutzte er nicht besser als die vorangegangenen. Er weinte und wütete auf Beates Band, er betrank sich, was nie seine Art gewesen war, er raste ziellos durch die Stadt, er schrieb Liebesbriefe an Beate, er schrieb Schimpfkanonaden an Beate – kurzum, er war ein unerträgliches Bündel von heftigsten Emotionen.

Am Ende der vierzehn Tage kam wieder ein Fax, ebenso nüchtern und kalt wie das erste, unterzeichnet mit B. Um seine Kundinnen nicht an die Konkurrenz zu verlieren, schrieb Beate, möge er sich endlich entschließen, die Termine wahrzunehmen. Sie hätten inzwischen drei Wohnungsmieten zu zahlen und darüber hinaus hohe Zusatzkosten.

Ich suche mir ein Zimmer, dachte er, diese Riesenwohnung kann ich auf Dauer nicht halten. Andererseits war die Wohnung das einzige, das ihm geblieben war. Er fürchtete, völlig den Boden unter den Füßen zu verlieren, wenn er auch noch die Wohnung aufgab. Es blieb ihm nichts anderes übrig, er mußte arbeiten, so wie andere Leute das auch taten.

Vielleicht lenkt es mich ab, dachte er gequält und sagte zu. Der ersten Begegnung mit einer neuen Kundin sah er bang ins Auge, denn zu all seinen körperlichen Beschwerden gesellte sich eine weitere hinzu. Schon morgens beim Aufstehen schmerzte ihn sein Rücken so sehr, daß er nur gekrümmt durch die Wohnung schleichen konnte.

Trotz Gymnastik, Atemübungen und Meditation gelang es ihm bis zum Nachmittag nicht, sich zu entspannen.

Er schleppte sich ins Auto, in den Aufzug und ins Appartement. Die Duftmischung von kaltem Rauch und Sandelholz schlug ihm auf den Magen. Er riß die Fenster auf, warf sie wenige Minuten später wieder zu und drehte die Heizung an.

Zerstreut wanderte er von Raum zu Raum und kontrollierte den Vorrat an Toilettenpapier, Tampons, Abschminke, Shampoo, Haarschaum, Haarlack und diversen Kosmetika. Sein Erfolgsprinzip war: Seine Gäste sollten sich vollständig gehenlassen können, ohne Rücksicht auf Frisur, Make-up oder Monatsregel.

Doch zum ersten Mal wartete er ohne Vorfreude und Neugierde auf seine Kundin. Hoffentlich geht das gut, dachte er. In der Branche spricht sich blitzschnell herum, ob einer professionell arbeitet oder sich durch persönliche Probleme beeinflussen läßt. Fast hatte er den Eindruck, als lege es sein Unbewußtes darauf an, seine Karriere, die er so sorgfältig aufgebaut hatte, mit wenigen Handstreichen zu zerstören.

Nachdem er seine freudlosen Vorbereitungen beendet hatte, ließ er sich im Vorraum nieder und wartete seufzend auf die erste Kundin nach vier Wochen Pause.

Hoffentlich ist sie nicht zu schwierig, dachte er. Sonst gibt es ein Desaster. Einer Frau wie Silvia fühlte er sich im Moment nicht gewachsen.

Endlich klingelte es, und er drückte auf den automatischen Öffner.

Sie nahm den Aufzug nicht, er hörte dicke Absätze hinaufklacken, und zum ersten Mal während seiner inzwischen dreijährigen Berufspraxis reagierte er gereizt.

Ich muß mich zusammenreißen, dachte er, ich kann mir keine Zicken erlauben. Sie ja. Aber nicht ich.

Obwohl die Tür offenstand, klingelte die Kundin auch oben. Es war keine schrille Klingel, sondern ein einladendes Glöckchen, eher an Weihnachten als an Reinholds Tätigkeit erinnernd.

Er zog die Tür auf.

Und da stand sie. Korrekt im beigen Kostüm, und betrat mit einer Selbstverständlichkeit seinen geheimen Spielplatz, als gehöre sie hierher.

Verwirrt schloß Reinhold die Tür: »Was kann ich dir anbieten?«

»Erstmal ein Wasser«, sagte Beate mit strenger Freundlichkeit. Sie war, seit sie das Appartement mit ihm zusammen eingerichtet und dekoriert hatte, nie wieder hier gewesen.

So sehr Reinhold sich gewünscht hatte, sie möge zu ihm zurückkehren, nun war er doch eher alarmiert, sie hier zu sehen, und er fragte sich, während ihn sein verspannter Rücken schmerzte, was sie rachsüchtig gegen ihn unternehmen würde. Sie kannte ihn durch und durch – so wie kein Mensch ihn kannte. Sie kannte all seine Schwachstellen, all seine wunden Punkte, und er wartete wie ein Lamm auf der Schlachtbank, daß sie beginnen würde, ihn zu vernichten.

»Ich habe einen hohen Preis gezahlt«, sagte sie lässig, »jetzt ist die Zeit gekommen, daß ich Ihre geschätzten Dienste in Anspruch nehmen möchte.«

Sie siezte ihn! Das war doch die Höhe. Und dann diese gestelzte Ausdrucksweise! Neben Bangigkeit breitete sich nun Verärgerung in seinem Herzen aus.

Und was meinte sie mit ›Dienste‹? Wollte sie etwa Sex von ihm?

»Ich möchte, wie es üblich ist«, fuhr sie fort, »mit einer Stunde Gespräch beginnen. Damit wir uns annähern und Sie mich ein wenig kennenlernen.«

Elf Jahre sind wir verheiratet, ich kenne sie in- und auswendig. Was für eine Frechheit! dachte er. Aber kenne ich sie wirklich? Und sein Unbehagen verstärkte sich.

»Wie und wo sitzen Sie gewöhnlich?« wollte sie nun wissen.

Was soll das Theater, dachte er mit zunehmendem Ingrimm. Noch nie hatte er seiner Frau gegenüber eine solche Ablehnung empfunden. Hatte er sie nicht immer verehrt und begehrt?

Herrgott nochmal, offenbar braucht sie ein Spielchen, um mir wieder näherzukommen. Es ist kein guter Weg, dachte er noch, Geschäft und privat sollte man säuberlich getrennt halten. Sie bringt alles durcheinander.

Stumm führte er sie in den sachlich möblierten Vorraum und ließ sie Platz nehmen.

Sie sah ihm so penetrant in die Augen, als wollte sie in sein tiefstes Inneres eindringen. Was sollte das. Was hatte sie vor.

»Ich möchte nichts weiter«, sagte sie, »als daß Sie mir diese eine Stunde aufmerksam zuhören, damit ich das Gefühl bekomme, Sie haben Interesse an meiner Person. Fragen können Sie mir stellen. Ratschläge oder Kommentare brauche ich nicht.«

Ein wenig beruhigt lehnte Reinhold sich zurück. Offenbar wollte sie keinen Streit. Wenn sie wirklich nichts weiter brauchte, als daß man ihr zuhörte – das war sein Job. Er nickte: »Bitteschön.«

Sie senkte den Blick auf die Tischplatte.

»Ich leide«, sagte sie, »ich leide seit Jahren an meinem Mann.«

Nun wurde ihm doch heiß.

Und sie begann ihm zu schildern, wie sie sich all die Zeit fühlte, wenn er mit seinen Damen die schönen Reisen unternahm, wenn er auch die Wochenenden auswärts verbrachte und sie mit Buchführung und Kindern allein zurückblieb. – Sicher, er rief sie jeden Tag an, er flüsterte ihr Liebkosungen in die Telefonmuschel, aber das macht doch nicht satt. Nein, sie wolle ihm nicht alle Schuld aufladen. Sie selbst sei ja einverstanden gewesen, angezogen von dem vielen Geld. Sie konnten sich plötzlich diese komfortable Wohnung leisten, hübsche Möbel, Qualitäts-Kleidung, die Jungs mußten nicht mehr einer die Sachen des anderen auftragen – das sei der Preis, habe sie lange gedacht, und ihre Enttäuschung niedergehalten und ihre Schnsüchte verschluckt. Sie habe ja gemerkt, was für eine Freude ihm sein Job bereitete – und solange er sie herzte und küßte und begehrte, redete sie sich ein, alles sei in Ordnung.

Aber als er immer weniger Zeit mit ihr verbrachte und immer mehr Zeit mit seinen Gespielinnen, geriet sie langsam in einen Strudel von Schmerz. Und er – der sonst alles merkte – er merkte nichts.

Sie hielt inne und schaute auf.

Reinhold saß mit gesenktem Kopf und wartete ab, ob sie weitersprach. Nach einer Weile murmelte er, wie um sie aufzufordern, fortzufahren: »Er merkte nichts.«

»Dafür erzählte er mir in glühendsten Farben, was er mit den Frauen trieb, und ich hörte mir alles an. Vielleicht wollte ich so ein wenig teilhaben an seiner Arbeit, die ihn derart erfüllte. Aber seine Geschichten machten mich nur noch trauriger. Und er merkte nichts.«

»Er merkte nichts«, wiederholte Reinhold, ohne aufzuschauen.

»Ich wurde immer eifersüchtiger«, sagte sie, »er tat Dinge mit diesen Frauen, die bei mir nie nötig gewesen waren. Ein Kuß in den Nacken, und ich begehrte ihn. Er mußte sich nie abmühen, mußte sich nie etwas einfallen lassen, um mich in Stimmung zu bringen. Ich hatte immer geglaubt, das freue ihn. Aber heute weiß ich, daß diese Mühelosigkeit ihn langweilte. Er konnte sich bei mir nicht wirklich entfalten. Was für eine Fantasie hat dieser Mann, staunte ich, wie humorvoll ist er, wieviel Leichtigkeit hat er, und ich fühlte mich immer schwerer neben ihm. Er schwebte zwischen Wolken, und mich zog es zum Boden hinunter, als hingen zwanzig Kilo Gewicht an meinen Knöcheln. Solange ich sexuell auf meinen Mann ansprach, kam ich trotz allem mit der Situation zurecht.

Glaubte ich zumindest. Ich fühlte mich ja immer noch von ihm geliebt. Das gab mir Kraft. Aber ganz allmählich versandete meine Sehnsucht. Und eines Tages war mein Drang zu ihm hin wie gelöscht. Ich habe immer gern mit ihm geschlafen, wissen Sie, obwohl wir schon so lange verheiratet waren. Aber jetzt ging ich dem Sex aus dem Weg. Das Schmerzhafte dabei war: Ihm fiel nichts auf. Er war ja befriedigt. Der Sex mit mir fehlte ihm nicht.«

»Ihm fiel nichts auf«, murmelte Reinhold und dachte: Es stimmt. Unser Liebesleben reduzierte sich immer mehr, aber mich störte das nicht. Im Gegenteil, mir war ganz recht, daß ich zu Hause meine Ruhe hatte, und keine Frau mit Ansprüchen an mich herantrat.

»Immer wieder habe ich versucht, mit meinem Mann zu reden«, sagte sie, »und jedesmal vertröstete er mich auf später. So kam es nie zu einem Gespräch. Natürlich verstand ich das. Er war ausgepowert und konnte zu Hause keine Konflikte gebrauchen. Aber ich kam zu kurz. Ich fürchte, ich habe diesen Zustand zu lange ausgehalten. Als er vor vier Wochen mit dieser Silvia in Venedig war, vergaß er sogar ein paarmal, mich mittags anzurufen, so wie es vereinbart war. Da brach all meine Enttäuschung aus mir heraus. Ich suchte für mich und die Kinder eine andere Wohnung. Wollte nicht mehr mit diesem Dauerschmerz leben.«

»Und Ihr Mann?« murmelte Reinhold.

Sie seufzte. »Mein Auszug war wohl ein Schock für ihn. Er arbeitet nicht mehr. Er ist psychisch sehr angeschlagen. Ich wollte ihn ja nicht vernichten.«

»Lieben Sie ihn noch?«

»Ich fühle nichts«, sagte sie. »Außer einer wehmütig mütterlichen Sorge.«

»Das ist aber schade«, murmelte er, und sie schwiegen lange.

Schließlich raffte er sich zusammen und fragte, wie er seine von ihren Ehemännern vernachlässigten Kundinnen zu fragen pflegte: »Wollen Sie sich endgültig trennen?«

»Nein«, antworteten die vernachlässigten Kundinnen, »aber mein Mann soll sich wieder für mich begeistern.«

Gutmütig zeigte er ihnen dann alle Verführungskünste, die geeignet waren, einen müden Kerl wieder auf Trab zu bringen. »Das wirkungsvollste Mittel aber«, verriet er den Damen zum Schluß, »ist ein Geliebter. Männer werden wach, wenn ein Rivale sich in ihrem Revier tummelt.« Und mit Hingabe übernahm er die Rolle des heimlichen Liebhabers.

Er fragte also Beate: »Wollen Sie sich endgültig trennen?«

Beate schwieg. Es war kaum auszuhalten. Tapfer fuhr Reinhold fort: »Oder möchten Sie, daß Ihr Mann sich wieder für Sie erwärmt?«

»Was soll ich mit einem Mann, für den ich nichts mehr empfinde?« stieß sie hervor.

Sein Herz, das er noch nie bewußt wahrgenommen hatte, begann ihm plötzlich zu klopfen, es klopfte in kurzen stolprigen Schlägen.

»Gäbe es einen Weg, wieder mehr für Ihren Mann zu empfinden?«

»Deshalb bin ich hier«, sagte Beate.

Hoffnung keimte in ihm auf. Offenbar war Beate nicht gekommen, um ihn zu demütigen und zu strafen. Offenbar war noch nicht alles verloren.

»Wie könnte der Weg aussehen?« fragte er, wie er seine Kundinnen immer zu fragen pflegte. »Was sind Ihre Sehnsüchte? Ihre Träume? Vielleicht kann ich Ihnen bei der Suche behilflich sein?«

»Sie wissen«, sagte sie, »daß ich im voraus bezahlt habe. Und zwar den Höchstpreis.« Sie zögerte. Dann: »Sie erfüllen jeden Wunsch, ist das richtig?«

»Ja«, sagte er zaghaft. »Soweit ich dazu imstande bin.«

»Ganz gleich, was ich verlange?«

»Alles ist erlaubt. Nur für sadistische Spiele bin ich ungeeignet.«

Sie lachte ein wenig: »Dann werde ich Ihnen jetzt meine Wünsche nennen.« Sie hielt ein. Er wartete. Spürte sein Herz, wie es klopfte und klopfte. Spürte die schmerzhafte

Spannung in seinem Rücken. Vielleicht ein Hexenschuß? Oder Ischias? Er hatte noch nie Probleme mit seinem Rücken gehabt.

»Erstens möchte ich für drei Monate Ihre einzige Kundin sein. Sie werden Ihre anderen Kundinnen hinhalten müssen. Auch privat möchte ich, daß Sie absolut abstinent leben. Zweitens sollen Sie alles mit mir machen, was Sie mit den anderen Kundinnen gemacht haben.«

»Alles?«

»Ja.«

»Das dauert länger als drei Monate.«

»Wenn wir länger brauchen, werden wir neu verhandeln. Ich werde Ihnen jetzt meine Situation erläutern. Mein Problem ist nicht nur, daß ich meinen Mann nicht mehr begehre. Viel schlimmer: Ich begehre gar niemanden mehr. Ich fühle mich kalt, lustlos, gleichgültig. Meine Haut sehnt sich nicht mehr nach Berührung. Sie wissen, ich war immer leicht ansprechbar. Jetzt blättere ich in den frechsten Pornos und langweile mich. Ich möchte, daß Sie mir meine Sinnlichkeit wiedergeben.«

»Das überfordert mich«, stieß er hervor. »Das setzt mich unter Druck.«

»Machen Sie sich nicht verrückt«, sagte sie ruhig, »Sie können sich alle Zeit der Welt nehmen. Mich drängt nichts. Sie haben schon eine frigide Silvia geheilt, jetzt heilen Sie mich.«

»Das war etwas anderes. Bei ihr war ich ganz intuitiv. Ich hatte nichts zu verlieren.«

»Auch bei mir haben Sie nichts mehr zu verlieren«, sagte sie, »aber gut. Ich gehe auf Ihren Wunsch ein. Daß Sie sich zwingen, möchte ich nicht. Wählen Sie aus Ihrem Repertoire nur das aus, was Ihnen selbst zusagt. Gehen Sie nur nach Ihrer eigenen Lust. Sie werden schon merken, was mir gefällt und was nicht.«

Nun war er wirklich verwirrt. »Nach meiner eigenen Lust? Ich denke, Sie sind meine Kundin? Sie sind doch diejenige, die ein Problem hat und geheilt werden will.«

»Mein Wunsch als Kundin ist: Sie machen nur, was Sie

selbst wollen. Benutzen Sie mich zu Ihrem eigenen Vergnügen. Ich wiederhole: Solange ich nicht nein sage, ist alles erlaubt. Machen Sie sich keine Sorgen um mich.«

»Klingt verlockend einfach«, sagte er nachdenklich. Aber sein Kopf war wie ein luftig leerer Käfig. Schon fürchtete er, daß sie täglich zusammensitzen und sich miteinander quälen würden. Was hatte sie vor? Was sollte er wollen?

Überrascht stellte Reinhold fest, daß er nun, da er alle Freiheit zu haben schien, sich persönlich zu entfalten, jäh von einer grandiosen Unlust gepackt wurde. Offenbar bezog er all seine Lebendigkeit, all seine erotische Lust ausschließlich daher, daß eine Frau auf ihn ansprach. Selbst wenn es nur ein winziges Glütchen war, das er zum Züngeln, zum Lodern bringen mußte.

Aber seine Frau, die wie ein beiges Neutrum vor ihm saß, im kastenförmigen Kostüm, ohne jeden Funken sehnsüchtiger Bereitschaft, die von ihm verlangte, seine eigenen Wünsche zu zeigen, unabhängig von den ihren – diese Frau erschreckte ihn. Es gab keine eigenen Wünsche. Er suchte in seinem Hirn und in seinem Herzen und fand nichts.

»Nun?« fragte sie nach einer Weile, »ist Ihnen ein Wunsch eingefallen?«

»Muß es etwas Sexuelles sein?« fragte er zurück.

»Das bestimmen Sie.«

Er schwieg. Und sie schwieg auch.

Die Fäden zwischen ihm und ihr zitterten spinnwebdünn, als wollten sie sich gleich in nichts auflösen.

Nie wieder wird ein Wort, nie wieder wird eine Berührung zwischen uns möglich sein, dachte er und fühlte sich plötzlich emporgehoben in luftige Höhe, ohne Dach, ohne Boden, ohne Wände.

»Ich muß hier raus«, stieß er endlich mit großer Anstrengung hervor. Beate stand auf und hielt ihm seinen Mantel hin. Schweigend schlenderten sie zu den Flußwiesen hinunter. Es war ein kühler Tag im März. Der graue Himmel lag schwer über der Erde.

Profis in Sachen Liebe

Ich habe keine Begabung für Sex. Es ist wie beim Kochen oder Autofahren: Die einen besitzen ein angeborenes Talent, das den anderen fehlt. Mir fehlt's.

Gewissenhaft habe ich die angestaubte Fachliteratur meiner verklemmten Eltern durchgearbeitet, mit all diesen Lustkurven, den erogenen Zonen und der Funktion des Orgasmus.

Ich habe die aktuellen Sex-Tips der Frauenzeitschriften beherzigt, meine Lustmuskeln trainiert und den ganzen Tag Weintrauben gelutscht, um meine Zunge für orale Freuden beweglich zu halten. Ich habe jeden Rat genau befolgt, fleißig geübt. Aber es nützt nichts.

Nehmen wir an, der Termin bei der Kosmetikerin und im Sonnenstudio ist zustande gekommen, und alles könnte sich wunderbar zu allseitiger Zufriedenheit entwickeln: Dann wähle ich aus lauter Nervosität die falsche Location und das falsche Outfit. Trage ein geschlitztes Shiftkleid zum Pizza-Imbiß. Esse zu gierig oder stochere herum, plappere wie eine überspannte Pubertierende oder bringe kein Wort heraus. Und wenn schließlich doch irgendwann das Küssen angesagt ist, wühle ich so ungeschickt zwischen den Zähnen meines Partners herum, daß uns beiden die Lust vergeht.

Ich muß gestehen, so ganz unrecht ist mir das nicht, denn nach dem Küssen gilt es, noch weitere Aufgaben zu bewältigen: die Entkleidungszeremonie, die mir – obwohl ich meinen Partner schon zwei Monate kenne – immer wieder peinlich ist. Gnadenlos kann er meinen eingedellten Hintern begutachten, das Wabbelfleisch an meinen unsportlichen Schenkeln, den von der hastig verschlungenen Salami-Pizza aufgeblähten Bauch, die krum-

men Zehen unten an meinen zu großen Füßen, Schuh-
größe 43.

Um von meinen Mängeln abzulenken, stürze ich mich eilends auf das Geschlecht meines Partners, obwohl ich mit
dieser Aktion nicht die besten Erfahrungen gemacht
habe. Ich weiß nicht, wieso, aber nichts funktioniert wie
es funktionieren sollte.

Wir sind doch zwei gesunde junge Menschen mit aktiven
Hormonen. Da steht also das Geschlecht meines Partners
straff in seinem Saft. Noch ist alles in Ordnung. Ich greife
es mir und fahre energisch auf und ab, so wie ich das aus
den Pornovideos kenne, die ich mir von einer Freundin
ausgeliehen habe, um meine Kenntnisse in der Liebe zu
erweitern. Aber immer mache ich irgend etwas falsch.
Entweder greife ich zu zaghaft oder zu fest, bin zu schnell
oder zu langsam oder habe den falschen Rhythmus. Ich
werde es nie lernen. Ich spüre nur mit Panik, wie das Geschlecht meines Partners in meiner Faust immer weicher
wird, je eifriger ich daran herumfuhrwerke. Ich versuche
zu variieren, um herauszufinden, welche Handhabung
am effektivsten ist. Ich lockere also meinen Griff, dann
fasse ich kräftiger zu. Ich verlangsame das Auf und Ab,
dann beschleunige ich es. Doch ich muß alsbald einsehen:
Da ist nichts zu retten. Das eben noch imposante Gerät ist
zusammengeschnurrt, als wolle es in den Leib seines Be-
sitzers zurückkriechen.

Trotzdem gebe ich noch nicht auf.

Ich rattere das gesamte Repertoire der idealen Geliebten
durch, stülpe emsig, damit keine peinliche Zeit für Grübe-
leien entsteht, meinen Mund über das kleingeschrumpfte
Etwas. Aber wie vorher die Faust macht nun der Mund irgend etwas falsch: Nichts tut sich. Gut, ab und zu zuckt da
was, ganz kurz nur, und ich denke: Ja, weiter, so ist es
richtig. Aber kaum spüre ich den Hauch eines Erfolgs,
schlafft schon alles wieder ab.

Nicht daß Sie meinen, es liegt an meinem Partner. Der
kann immer und mit jeder Frau, sagt er. Nur mit mir
klappt es nicht.

Ich habe eben keine Begabung für Sex. Es gibt Leute, die beherrschen fließend sieben Fremdsprachen, andere radebrechen stümperhaft daher. Es gibt Leute, die sind begnadete Klavierspieler, andere bringen nur Katzenmusik zustande. Es gibt Leute, die jagen im rasenden Tempo um Sportplätze, andere japsen schon, wenn sie in einen zweiten Stock hinaufsteigen sollen. Es ist ein Wunder, daß sich mein Partner nicht längst von mir getrennt hat.

Irgendwann war mir alles zu anstrengend, und ich habe mich meinem Partner geoutet. Ich habe ihm gesagt: »Tut mir leid. Das mit dem Sex ist nichts für mich. Ich bin eine sexuelle Stümperin. Eine Dilettantin im Bett. Eine erotische Versagerin. Eine völlig unbegabte Null in Sachen Liebe. Lassen wir das mit dem Sex.«

Er erwiderte überrascht und erleichtert, ich sei ihm immer so kompetent vorgekommen, so souverän mit all diesen spitzfindigen Sexpraktiken, von denen er keine Ahnung habe. Er sei eher schlichter Natur, ein unbegabter Liebhaber, der beschämt feststellen mußte, daß mit seinem Geschlecht nichts Außerordentliches anzufangen sei. Er habe ständig gefürchtet, daß ich ihn über kurz oder lang gegen einen rasanteren Kerl austauschen würde.

»Ja«, schloß er freudig, und seine Augen glänzten, »ich bin einverstanden. Lassen wir das mit dem Sex.«

Und ich muß Ihnen sagen: Seit der Sex gestrichen ist, bin ich richtig gern mit meinem Partner zusammen. Und ich glaube, er auch mit mir.

Ach ja, neulich haben wir mal wieder zusammen geschlafen. Nein, es war nichts Besonderes. Kein plötzlicher Ansturm von Leidenschaft, der uns jäh überwältigte. Ich warf ihn nicht rücklings auf den Teppich. Er bog mich nicht über die Computertischkante. Wir saßen einfach nur gemütlich auf dem Sofa und quatschten über das ewige Regenwetter und dachten an gar nichts, und dann ist es passiert.